L'ETHIQUE DE LA CONTRAINTE

Autres livres de Jan BAETENS

Aux frontières du récit : Fable *de Robert Pinget comme «nouveau nouveau roman»*, Toronto/Leuven, Ed. Paratexte/Leuven University Press, 1987

Hergé écrivain, Bruxelles, éd. Labor, 1989

Les mesures de l'excès : notes pour une traversée des Eglogues *de Renaud Camus et al.*, Paris, Les impressions nouvelles, 1992

Pour une lecture moderne de la bande dessinée (en collaboration avec Pascal Lefèvre), Centre belge de la bande dessinée, Bruxelles, 1992

Lieux de l'écrit (livre-objet, en collaboration avec le photographe Milan Chlumsky), Paris, Les impressions nouvelles, 1993

Du roman-photo, Mannheim/Paris, P.U. Mannheim, collection Medusa-Medias/Les impressions nouvelles, 1993

Le réseau Peeters (essai sur l'œuvre de Benoît Peeters), Amsterdam/Atlanta, Rodopi, 1995

Le roman-photo. Actes du colloque de Calaceite (éd. J. Baetens et A. Gonzalez), Amsterdam/Atlanta, Rodopi, 1995

L'ETHIQUE DE LA CONTRAINTE

(ESSAI SUR LA POESIE MODERNE)

par

Jan BAETENS

Ce que vous faites n'est pas pour
vous, mais pour les autres. L'Art
n'a rien à démêler avec l'artiste.
(Flaubert)

UITGEVERIJ PEETERS
LEUVEN

ISBN 90-6831-673-7
ISBN 2-87723-183-6
D. 1995/0602/23

Pour Jean-Claude Raillon,
ami fidèle et rigoureux

TABLE DES MATIÈRES

I. Ecriture libre, écriture contrainte 9

II. De l'humour à l'écriture: *Don Evané Marquy* . 26

III. Le texte comme cliché: *Notre antéfixe*. . . . 39

IV. Belle et fidèle: *Fragments de déserts et de culture* . 60

V. Georges Perec en série B: *Alphabets* 70

VI. La couverture d'*Alphabets* ou la contrainte retrouvée 86

VII. Une transcription de Mallarmé: *«Les «blancs» en effet»*. 103

Envoi 123

Etudes citées 125

ÉCRITURE LIBRE, ÉCRITURE CONTRAINTE

La chose semble entendue: c'est dans le rejet de toute règle que la poésie moderne trouverait l'aboutissement essentiel de ses recherches. La *crise du vers*, pour reprendre l'expression de Mallarmé, se serait finalement traduite par un congé radical signifié au fondement même de l'écriture poétique: non seulement le vers, devenu, suivant l'analyse de Jacques Roubaud[1], de plus en plus libre, jusqu'à sa totale indépendance du poème, mais aussi et surtout la tenue générale de ce type de langage, dont le caractère par définition réglé s'avérerait, aujourd'hui, selon la formidable intuition de Roland Barthes[2], le paradoxal apanage d'un genre en prose, le roman, réputé moins asservi.

Appuyée par les canons poétiques de notre temps, l'idée de la décodification du langage poétique et du règne sans partage de la libre inspiration passe, globalement, pour une thèse convenue. S'il paraît inopportun, toutefois, d'y souscrire sans nulle réserve, c'est qu'elle a le tort, peut-être, de repousser dans la pénombre une poésie toute différente, fondée sur l'exaltation de la règle ou, si l'on préfère, de la *contrainte*, que l'on définira dans ces pages comme un programme formel préexistant à l'œuvre et capable de déclencher, puis d'orienter, en un mot de rendre possible, le geste de l'écriture. Ainsi que le note par exemple, au sujet de l'Ouvroir de Littérature Potentielle, Jean Lescure:

---

[1] *La Vieillesse d'Alexandre*, Paris, Ramsay, 1988 (1ère édition: 1978).

[2] *Le Degré zéro de l'écriture*, Paris, Seuil, 1972, coll. Points (1ère édition: 1953), p. 25-40.

(...) François Le Lionnais écrivait: *Toute œuvre littéraire se construit à partir d'une inspiration (...) qui est tenue à s'accommoder tant bien que mal d'une série de contraintes ou de procédés*, etc. Ce que l'Oulipo entendait montrer, c'est que ces contraintes sont heureuses, généreuses et la littérature même. Ce qu'il se proposait, c'était d'en découvrir de nouvelles (...).[3]

Dérivées d'un dispositif formel, sans toutefois, sauf exception, s'y réduire, les productions ainsi conçues se placent bien sûr sous l'enseigne du crédo valéryen: «les belles Œuvres sont filles de leur forme — *qui naît avant elles*»[4]. C'est de pareille tradition moderne de la règle, dont le relatif oubli est pour beaucoup, sans doute, dans le discrédit actuel de la poésie, que le présent volume cherche à examiner les formes et les enjeux, les problèmes et les réussites.

Plutôt que de retracer la filiation historique de ce type d'écriture, plutôt, donc, que de doter chaque «novateur» de son «ancêtre» et d'avoir à répondre à l'inévitable interrogation: «la poésie de la contrainte est-elle mallarméenne?», il paraît utile de délimiter d'abord le champ théorique ouvert par les pratiques de la contrainte. La notion de règle draine en effet un certain nombre de présupposés et de concepts qu'il importe de cerner en préalable à tout exercice critique de la lecture.

Successivement, l'on détaillera ici, en fait indissociables, quatre groupes de problèmes. Les premiers ont trait à la nature spécifique du texte, tel qu'il s'oppose à l'état du langage nommé écrit. Les suivants, les plus importants peut-être, concernent les rapports du texte et de l'instance auctoriale, puis, plus généralement, les relations de l'écriture

---

(3) «Petite histoire de l'Oulipo», in *Oulipo, la littérature potentielle*, Paris, Gallimard, coll. Idées, 1973, p. 31.

(4) *Cahiers II*, Paris, Gallimard, bibl. de la Pléiade, 1974, p. 1022 (souligné par Valéry).

et de la lecture. D'autres, encore, entament la problématique, parfois jugée anodine, de l'exécution de la contrainte. Les derniers, assez en vogue actuellement, sont liés aux exigences et implications du support scriptural, mi-choisi mi-imposé.

Une certaine idée du texte

Si l'on caractérise l'*écrit* comme le simple agencement de signes conforme aux principes de la langue utilisée, il ne peut plus suffire de distinguer le *texte* par le seul surcroît des relations qu'il ajoute au premier. Telle définition de base, dans la mesure où elle se cantonne au domaine quantitatif, doit se faire accompagner de certaines précisions.

Il est de rigueur, ainsi, que pareil excès de liens transforme aussi l'économie d'ensemble des structures soumises au lecteur. Au lieu d'œuvrer à un effet de *représentation*, lequel fait «advenir une idée à l'esprit, en mobilisant un moyen matériel quelconque, notamment (...) le langage»[5], les articulations spécifiques du texte ramènent au contraire l'attention à ces aspects, matériels surtout, que la posture représentative, naturellement dominante, met en sourdine: elles rehaussent «certains des paramètres de l'écrit que la représentation oblitère»[6]. Cette *métareprésentation*, néanmoins, ne peut devenir opératoire que si une double condition, à son tour, se voit remplie.

Premièrement, il importe que le travail de la métareprésentation s'opère de façon organique, structurée, et ne se fasse point au détriment direct du registre représentatif. Saccager la représentation, dans un esprit par exemple lettriste, propose certes une critique de son habituelle

---

[5] Jean Ricardou, «Eléments de textique (I)», in *Conséquences 10*, 1987, p. 7.

[6] Jean Ricardou, id., p. 23.

hégémonie, mais n'aboutit guère à la mise en exergue construite d'un ou plusieurs des paramètres jusque-là offusqués. La valorisation sans dessein ni régularité de ces mêmes aspects formels débouche du reste sur des résultats sensiblement identiques: c'est, bref, une nouvelle facilité échouant au seuil de la véritable métareprésentation. La promotion des articulations textuelles n'est donc en rien fonction de quelque censure du pôle sémantique. La dimension idéelle du discours apparaît au contraire comme une facette indispensable de l'écriture que le texte doit inquiéter et tordre à son profit, mais sans l'évacuer dès le début. Selon la perspective défendue dans ce livre, les entraves posées au sens s'avèrent plutôt l'effet des artifices que l'application des règles injecte dans le déroulement représentatif de l'écriture. Faire l'éloge de la contrainte signifie, notamment, apprécier les embûches concertées qu'elle multiplie à la bonne marche de la représentation, dont les ratés indiquent les pistes que le texte va explorer.

En second lieu, les structures métareprésentatives installées dans l'œuvre doivent non moins pouvoir s'offrir au regard attentif du lecteur. Il faut, en d'autres termes, qu'elles présentent un caractère «lecturable». Si l'on accepte, contrairement à un usage fort répandu[7], de baptiser *lecturabilité* la capacité d'une relation discursive à être perçue et comprise intégralement, et de nommer *lisibilité* l'aptitude de cette relation à se faire lire avec agrément[8], il devient possible de spécifier qu'une structure métareprésentative garde peut-être tout loisir de déroger à l'exigence de lisibilité, mais qu'elle ne peut sous aucune condition se dérober

[7] Voir surtout les recherches et la terminologie de François Richaudeau dans son ouvrage influent *La lisibilité*, Paris, Retz, 1973.

[8] Cette antithèse est empruntée aux «Eléments de textique (I)», art. cité, p. 20.

à la nécessité de se faire lecturable. Loin d'être un luxe, cette précision désigne au contraire le talon d'Achille de bien des productions contemporaines, boudées à force de se refuser à tout déchiffrement. Ainsi que le diagnostiquait Benoît Peeters, dans une intervention qui a compté dans la prise de conscience de cette terrible difficulté:

> Depuis une trentaine d'années, le fossé n'a cessé de se creuser entre les œuvres de large consommation, dont la qualité moyenne baisse chaque jour davantage, et les véritables créations artistiques, qui ont choisi de poursuivre solitairement des élaborations de plus en plus complexes. Le point de saturation est aujourd'hui atteint. Plus que jamais, l'avenir est à ces artistes qui parviendront à réconcilier un vaste public avec des œuvres d'un haut niveau d'exigence et d'élaboration.[9]

Les enjeux de la lecturabilité dépassent évidemment, pour grave qu'il soit, le problème de l'abdication des lecteurs. C'est en effet l'économie même de la notion d'auteur et la séparation convenue de l'acte de lire et de l'acte d'écrire que sa prise au sérieux permet d'attaquer. Un examen plus patient de cette notion clé en dégagera les potentialités peut-être insoupçonnées.

La lecturabilité: de l'auteur à l'écriture

Avec la contrainte, le pouvoir de l'auteur se voit une première fois mis en question. Le recours à la règle coince en effet l'écrivain devant deux perspectives antagonistes: la volonté de dire et de s'exprimer librement, d'une part, le besoin d'obéir aux contraintes qu'il s'est données, d'autre part. Des deux attitudes, c'est la moins libérale, l'assujetissement à la règle, qui se révèle la plus libératrice. Pour commencer, l'acceptation de consignes formelles arrive à

(⁹) *Les Bijoux ravis*, Bruxelles, Magic Strip, 1983, p. 141.

faire travailler tous ceux qui, malgré l'envie d'écrire, mais faute d'inspiration, en restaient frustrés. D'après Raymond Queneau, par exemple, le but de l'Ouvroir de Littérature Potentielle est non seulement d'invent(ori)er des acrobaties verbales, mais surtout de déterminer «tout un arsenal dans lequel le poète ira choisir, à partir du moment où il aura envie de sortir de ce qu'on appelle l'inspiration»[10]. De plus, l'apport de la règle aide l'écrivain à contourner les pièges des pensées toutes faites. Elargissant le cercle de ceux qui écrivent, secouant le joug des idées prêtes à envahir les pages sans apprêt, l'initiative accordée aux contraintes revêt rapidement un caractère politique puis, pour autant que leur dissociation soit envisageable, éthique. Il faut mentionner, à ce propos, la position d'un Renaud Camus, dont *les Eglogues*, entre autres, portent plus d'un écho du jugement que voici:

> 'Le naturel, c'est la culture'. Donc, plus vous croyez parler *naturellement*, plus vous êtes *sincère* et plus vous êtes parlé par votre culture, votre âge, votre milieu, etc. Ce n'est qu'en imposant à son discours des contraintes formelles tout artificielles, où s'embarrasse le vouloir-dire, qu'on peut espérer échapper au babil implacable, en soi, de la *Doxa*. Ainsi, l'écriture, au sens moderne du terme, s'articule-t-elle à une éthique.[11]

Si étroitement esthétique qu'elle semble, l'écriture à contrainte touche donc directement à des problèmes éthiques: elle permet la mise en question de soi, elle sape aussi l'image stéréotypée de l'écrivain démiurge. Une telle option écarte directement la vue populaire du génie sans règles, de la création ex nihilo, bref du mythe romantique par excellence: l'inspiration. Loin d'être le geste par lequel l'écrivain se retranche dans sa tour d'ivoire, le choix d'un programme

---

[10] *Entretiens avec Georges Charbonnier*, Paris, Gallimard, 1962, p. 145.
[11] *Buena Vista Park*, Paris, P.O.L, 1980, p. 66.

formel, en ce qu'il constitue une prise de position à l'égard de l'imaginaire collectif du monde littéraire, représente donc le signe d'un engagement particulier. En termes barthésiens, cette démarche est vraiment une *écriture*, c'est-à-dire une «réflexion de l'écrivain sur l'usage social de sa forme et le choix qu'il en assume»[12].

L'on pourrait objecter, toutefois, que la mobilisation d'une règle se contente de déplacer la volonté de maîtrise du territoire de l'expression, où sa place était reconnue, à la zone moins arpentée des techniques de l'écriture. Y a-t-il de meilleures garanties contre les jeux et méfaits du hasard que de partir de strictes contraintes matérielles, élaborées en dehors de toute référence à un quelconque vécu? Au-delà des premières évidences, pareille suggestion peut rapidement être réfutée. En effet, ce n'est que dans le cas d'une application mécaniciste que l'écart entre le programme et son exécution s'approche de zéro. Dans le champ de l'écriture, avec la multitude de paramètres qu'elle articule dans des dispositions sans cesse renouvelées, la prévoyance totale relève de l'utopie (et d'une utopie du reste bien peu désirable). Les piètres performances des programmes d'ordinateur que les amateurs de contraintes s'amusent parfois à déployer, semblent bien la preuve que l'intérêt d'un processus d'écriture réside avant tout dans son aptitude à la *transprogrammation*, c'est-à-dire à la prise en charge calculée de certaines des surprises prodiguées en cours de travail[13].

Si, avec la contrainte, l'activité de l'écriture a commencé à l'emporter sur l'instance auctoriale, les transformations accomplies par le texte offrent l'occasion de préciser la teneur de ce premier glissement. A hauteur du texte, les

(12) *Le Degré zéro de l'écriture*, o.c., p. 15.
(13) Pour plus de détails, voir Mireille Calle Gruber, «Orange: mécanique», in *Conséquences 6*, 1985, p. 72-82.

deux pôles souvent disconnectés de l'écriture et de la lecture s'interpénètrent tout en gardant, bien sûr, leurs propres caractéristiques. Pour qu'un écrit puisse se munir d'une abondance de relations, métareprésentatives de surcroît, il est indispensable que son organisation fasse l'objet d'un grand nombre de récritures. Or celles-ci, nul ne l'ignore, s'appuient sur un acte de relecture. Inversement, en phase de lecture, la mise au jour de cet excès de rapports ne devient effective que si l'on accepte de lire, non pas texte, mais plume ou stylo en main. A faire l'économie de pareille inscription, la lecture, coupable alors d'empressement, ne sera jamais au diapason des entrelacs qu'elle s'apprête à pénétrer. La microscopie que recherchent les analyses de ce volume trouve là, dans cet échange de l'acte de lire et de l'acte d'écrire, son ultime justification: le redoublement de minutie dont cette approche témoigne constitue certes la voie royale des agencements métareprésentatifs, mais il aboutit surtout au prétendu opposé de toute lecture, à savoir l'écriture même. Comme le note Jean Ricardou:

> Loin d'une stérile inclusion dans des analyses toujours plus vétilleuses, ce qui se développe, au contraire, avec le soin voué aux millimètres, c'est un champ opératoire méconnu: celui qui induit le lecteur à enfin saisir la plume.[14]

C'est pourquoi la révélation de la contrainte, que l'auteur peut accepter ou refuser, se place au cœur des problèmes *techniques* de l'écriture à contrainte. C'est pourquoi aussi le fond de cette affaire est, en dernière instance, d'ordre *éthique*.

Sur le plan de la technique, le masquage de la contrainte est un geste qui renie radicalement, en ce qu'il empêche le lecteur de participer au travail de l'écrivain, le mariage de

---

[14] «Eléments de textique (IV)», in *Conséquences 13/14*, 1990, p. 193.

la lecture et de l'écriture permis par l'adoption d'un programme formel; il est illogique de reproduire au niveau de la publication un clivage déconstruit tout au long du processus de rédaction.

Du point de vue éthique, la révélation des procédures s'avère un impératif plus contraignant encore. De même que, on l'a lu, opter pour la contrainte signifie la critique d'une certaine conception de l'écrivain, de même la volonté d'être lecturable constitue le rejet de la division stéréotypée entre ceux qui écrivent et ceux qui ne font que lire. A la démythification de l'Artiste correspond en effet, chez bien des tenants du procédé, le souhait d'une collectivisation de l'écriture.

Tel est du moins le vœu qu'expriment, par exemple, des auteurs comme Raymond Roussel ou Raymond Queneau.

Comment j'ai écrit certains de mes livres, par exemple, s'ouvre sur la déclaration suivante:

> Je me suis toujours proposé d'expliquer de quelle façon j'avais écrit certains de mes livres (*Impressions d'Afrique*, *Locus Solus*, *L'Etoile au front* et *La Poussière de soleil*). Il s'agit d'un procédé très spécial. Et, ce procédé, il me semble qu'il est de mon devoir de le révéler, car j'ai l'impression que des écrivains de l'avenir pourraient peut-être l'exploiter avec fruit.[15]

Dans les *Entretiens avec Georges Charbonnier*, le désir de rendre service au lecteur n'est pas exprimé avec moins de force:

> Nous appelons littérature potentielle la recherche de formes, de structures nouvelles et qui pourront être utilisées par les écrivains de la façon qui leur plaira.[16]

Or, à creuser le champ de l'écriture par contrainte, on décèle rapidement que cette posture est loin d'être universelle

---

([15]) Paris, Pauvert, 1963 (1ère édition: 1935).
([16]) *Entretiens avec Georges Charbonnier*, o.c.

et que bien des auteurs rechignent parfois à donner accès aux «secrets» de leur cuisine, la figure tutélaire de ce courant étant sans conteste l'auteur d'*Ulysse*, qui n'a jamais caché le stratagème qui fut le sien (et qu'admirait une époque qui perdure):

> J'y ai introduit tant d'énigmes et de devinettes que cela occupera les professeurs pendant des siècles à discuter de ce que j'ai voulu dire: c'est là le seul moyen de s'assurer l'immortalité.[17]

L'écrivain de la contrainte se voit donc placé devant une alternative inéluctable.

Ou bien, dans un geste de *dénudation*, qui peut rester très partiel, il s'efforce de rendre lecturables les règles ayant contribué à la fabrication de son ouvrage, qu'il le fasse, comme dans certaines fictions de Jean Lahougue[18], à l'intérieur même des textes, ou qu'il s'en charge, comme dans le cas précité de Raymond Roussel, dans un commentaire externe.

Ou bien, obéissant à une stratégie inverse de *dissimulation*, l'écrivain se désintéresse de la perceptibilité de son faire. Dans sa version hyperbolique, cette négligence peut confiner au brouillage prémédité, l'auteur effaçant après coup ce qui a servi à l'accomplissement du travail. Raymond Queneau, ainsi, dans une leçon que retiendra à merveille le Perec de *La vie mode d'emploi*[19], se plaisait à comparer la structure sous-jacente à un échafaudage destiné à être enlevé sitôt l'ouvrage terminé[20]. Dans la mesure où elle reflète l'idéologie scripturale la plus répandue, avec sa

---

[17] Propos cité par S.G. Davies, *James Joyce. A Portrait of the Artist*, Granada, 1982, p. 290.

[18] Par exemple «Histoire naturelle», in *La Ressemblance et autres abus de langage*, Paris, Les impressions nouvelles, 1989.

[19] Paris, P.O.L, 1978.

[20] *Entretiens avec Georges Charbonnier*, o.c., p. 49.

coupure radicale entre ceux qui produisent et ceux qui consomment, pareille démarche emporte paradoxalement les suffrages d'un public qui, intériorisant l'interdit, n'aime pas, en dépit de l'école, *l'explication de texte.*

Il faut le répéter: avec les distinctions ainsi établies, l'on ne cherche pas à caser des œuvres ou des auteurs, ni d'ailleurs à décerner une valeur esthétique à ce qu'il faut considérer comme un problème d'éthique scripturale. Vue sous cet angle, la différence entre les deux attitudes pourrait se résumer comme suit: là où le parti pris de l'élucidation offre au lecteur ce dont il a besoin pour basculer enfin du côté de l'écriture, le réflexe opposé reconduit l'écart entre le peu d'illuminés et le grand nombre des autres, écart que la mise en place d'un dispositif formel contraignant avait pourtant commencé par fissurer.

Seul dans le premier cas, cela va sans dire, le lecteur a quelque chance de pouvoir se mettre à écrire à son tour, que ce soit pour prolonger le travail déjà accompli ou, dans une hypothèse plus forte, pour transformer la manière dont le programme s'est réalisé.

Du projet à l'œuvre

De la même façon que, du point de vue de la lecturabilité, l'écrivain doit *montrer* les règles du jeu, il est également obligé, ce qui est loin d'aller toujours de soi, de les *exécuter.* Cette réserve émise, une divergence affleure au niveau des relations entre le projet scriptural et son exécution pratique.

Pour une première classe d'auteurs, ce rapport est purement mécanique. Deux fois secondaire, venant après comme de peu d'intérêt, le travail du mot à mot se réduit à une fonction de simple remplissage, fournissant les illustrations d'une règle qui, à la limite, pourrait se passer de tout exemple.

De cette position, certains écrits théoriques de l'Oulipo fournissent plus d'un témoignage. Le préfacier de la première anthologie du groupe, Jean Lescure, cite une définition de François Le Lionnais mettant en épingle l'absolue prépondérance de la règle:

> L'Oulipo a pour but de découvrir des structures nouvelles et de donner pour chaque structure des exemples en petite quantité.[21]

L'essentiel, ici, se trouve du côté de la *pré-scription* (le travail est en quelque sorte déjà terminé au moment où il faut se mettre à écrire), qui est aussi une *prescription* (immuable, la règle n'est affectée en rien par ses applications à venir).

Pour une autre catégorie d'écrivains, par contre, celle qu'un hâtif parallélisme désignerait du nom de *post-scripteurs*, puisque pour eux il n'est possible d'écrire qu'après avoir, déjà, écrit, le saut du programme à l'exécution est rien moins que redondant. Ils reconnaissent à la phase d'élaboration un statut bien spécifique, dont les particularités tiennent non seulement à l'introduction d'éléments neufs, non prévus par la règle, mais aussi au possible retour, à partir du déjà produit, sur les contraintes initiales.

De cette tendance, le plaidoyer de Jean Ricardou pour une approche antimécaniciste de l'écriture fournit peut-être la plus cohérente des manifestations. Dans son ouvrage *Le théâtre des métamorphoses*, il évoque ainsi l'antithèse en question:

> (Ce livre) réussit à induire plusieurs effets pervers dont l'efficace rend possible (...) une mise en cause du fantasme techniciste qui menace toute manipulation: celui d'une entière maîtrise des contrecoups. Ainsi, à l'encontre d'une fabrication finaliste, dont les manœuvres se soumettent à l'emprise d'effets

---

[21] «Petite histoire de l'Oulipo», art. cité, p. 38.

> longuement prédits, (il) accomplit une production conséquentialiste, dont les opérations admettent la surprise de résultats largement imprévus.[22]

L'oppositon entre post- et préscripteurs est-elle purement technique? Tout indique le contraire. A ne tolérer qu'une réalisation automatique de la règle, l'écrivain pré-scripteur opère une censure dont la signification est idéologique. Refuser de prendre au sérieux les aléas de la production, n'est-ce pas s'esquiver à la mise en question du surplomb auctorial que l'écriture fait nécessairement advenir? Faire l'économie de la pratique, inventer des dispositifs dont les qualités résident en amont de leur mise en branle, n'est-ce pas énoncer une position de maîtrise, techniciste en l'occurrence, qui est l'envers complice de la superbe et supérieure inconscience du Génie créateur?

Pour cette raison, au moins, les risques de la mise en œuvre méritent d'être courus. Dans une telle perspective le programme de départ cesse d'être intouchable. Quel que soit son degré de clôture formelle, l'œuvre de la postscription demeure ouverte, structurellement inachevée. Face à ces productions qui se font en se transformant, la lecture ne peut se contenter de la seule retrouvaille des règles: sous peine d'inconséquence, elle se doit de poursuivre, jusqu'à la production de règles nouvelles. Car l'écrivain perd le monopole de l'écriture et la responsabilité se partage désormais entre les deux instances que le règne de l'Inspiration interdisait de penser ensemble: l'auteur, le lecteur.

Toute lecture devrait continuellement méditer cette réflexion de François Le Lionnais:

> Qui n'a senti, en lisant un texte — et quelle qu'en soit la qualité — l'intérêt qu'il y aurait à l'améliorer par quelques

___

(22) Paris, Seuil, 1982, p. 275.

retouches pertinentes. Aucune œuvre n'échappe à cette nécessité. C'est la littérature mondiale dans son entier qui devrait faire
l'objet de prothèses nombreuses et judicieusement conçues.[23]

Écriture et support

Pour diverses que soient les implications de cette mise en
œuvre, il en est une, incontestablement, que l'on retrouve
partout: la rencontre du projet d'écriture avec son support,
en l'occurrence, mais pas exclusivement, la page et le livre.

Dans la version forte de ce contact, les propriétés
formelles du site d'accueil interviennent clairement dans
l'élaboration de la contrainte, que ce soit pour s'adapter aux
exigences du programme ou, en revanche, pour en dicter
certains aspects. Soucieux de rendre visible la combinatoire
mise au point à l'intérieur de ses *Cent mille milliards de
poèmes*[24], Raymond Queneau fait ainsi découper en minces
lamelles les feuilles de cet ouvrage. Mettant à profit l'effet
de censure exercé par le pliage des cahiers imprimés, Raymond Roussel, dans l'édition princeps, depuis hélas saccagée,
des *Nouvelles Impressions d'Afrique*[25], intercale les dessins de
Zo d'une manière telle que les illustrations restent interdites
tant que les pages ne sont pas coupées.

L'orientation de cette influence, qu'elle aille du programme au support ou inversement, n'importe guère pour
l'instant. Ce qui doit compter, en revanche, c'est que les
relations avec le support de l'écriture ne passent plus pour
neutres ou indifférentes. S'il importe de prendre connais-
sance des caractéristiques matérielles du volume, pour en
rester à cet exemple privilégie, c'est bien parce que le livre

---

[23] «Le second manifeste», in *Oulipo, la littérature potentielle*, o.c.,
p. 26.
[24] Paris, Gallimard, 1961.
[25] Paris, Pauvert, 1963 (1ère édition: 1932).

encombre. Non pas tant à cause de son poids ou de ses dimensions, parfois incommodes, qu'en raison du conflit structural qui l'oppose à d'éventuels fonctionnements méta-représentatifs.

Dans bien des cas, en effet, la mise en livre implique un double changement qui gêne l'affirmation du texte. D'une part, le volume induit une indéniable vectorisation du discours. Le livre consacre la lecture linéaire ou, plus correctement, monovectorisée, qui distingue, et partant discrimine, un début et une fin, un incipit et un explicit, une première et une quatrième de couverture. D'autre part, le volume engendre non moins une scission entre l'œuvre et sa périgraphie[26], qui fait tout sauf contribuer automatiquement à une stratégie de métareprésentation. Les composantes de la périgraphie, et surtout le titre, s'échangent contre l'œuvre sur un mode absolument représentatif. Ecrasant toute différence formelle avec les structures qu'elles résument, ces unités en constituent le double en quelque sorte dématérialisé. De plus, logés de préférence aux marges du livre, les signes périgraphiques neutralisent et masquent les oppositions tangibles entre la couverture et les cahiers, entre les feuilles et leur écrin, dont l'objet-livre est justement créateur. Or, étant donné que le texte se présente comme un objet *translinéaire* et *paradoxal*, non pas un enchaînement de points mais un réseau de relations impossibles à concentrer en une formule ou un schéma univoques, il s'arrache à la logique de la seule juxtaposition hiérarchisée. Le texte déroge à l'ordre successif et son lieu est légion, tout comme il défie toute nomination. Aussi sa résistance au livre est-elle comme statutaire: *l'économie même du texte le contraint à récuser la structuration imposée par le livre traditionnel.*

(26) L'on adapte ici très légèrement la terminologie de Gérard Genette dans *Seuils*, Paris, Seuil, 1987.

Ce qui se trouve donc en cause n'est pas le livre, mais un certain mode d'emploi du volume qu'il serait erroné de tenir pour universel. Plutôt que de changer *de* support, le texte aura donc intérêt à changer *le* support dont il a hérité. A cet égard, il est sans doute plus prudent de tempérer un rien l'enthousiasme de ceux qui, dans le sillage de Michel Butor, par exemple, appellent de tous leurs vœux la venue du livre électronique, enregistré sur bande ou disquette et consultable à loisir sur écran[27]. Il y a de fortes chances, en effet, que la panacée électronique ne soit rien d'autre qu'une fuite en avant créant plus de problèmes qu'elle n'en résout.

L'état convenu du livre n'a rien d'une fatalité. Que des emplois différents soient pensables, l'histoire de la périgraphie le démontre amplement: ni la mise en ligne, ni encore la coupure du volume en deux parties de valeur inégale, ne rendent compte de toutes les possibilités de ce support[28]. Néanmoins, pour dépasser le stade de la simple curiosité ou du gadget, les innovations en la matière sont tenues à respecter les caractéristiques du texte. Seuls le souci permanent de la lecturabilité ainsi que la volonté d'infléchir le réglage des liens dans un sens métareprésentatif peuvent servir de garde-fous à la multiplication de perles qui, démunies de collier, se perdraient sans tarder.

*
*   *

Les microscopies rassemblées dans cet ouvrage gravitent chacune autour de notions telles que programme d'écriture, métareprésentation, lecturabilité, possibilité de récriture ou

---

(27) «Propos sur le livre aujourd'hui», in *Répertoire IV*, Paris, Minuit, 1974, p. 431-443.

(28) Pour plus de détails, voir par exemple Antoine Compagnon, *La seconde main*, Paris, Seuil, 1978, p. 233-355.

encore textualisation de la page, du livre et de l'appareil périgraphique. En même temps, toutes s'efforcent de mettre en lumière, sans prétendre à l'exhaustif, les diverses particularités que génère le type de contrainte passé au crible. Ni chronologique, ni stylistique, l'ordonnancement des études respecte plutôt l'ampleur croissante des zones investies, du feuillet au chapitre, du livre à la bibliothèque. De façon analogue, la succession des analyses se propose de déplier peu à peu les défis essentiels des écritures à contrainte. Les textes retenus sont ceux d'auteurs représentatifs de l'écriture poétique moderniste de l'après-guerre: Raymond Queneau, Denis Roche, Georges Perec, Jean-Claude Lebensztejn. Cependant, on s'intéressera moins à ces écrivains qu'à des productions concrètes. Ce sont les questions que permettent de poser les textes, qui vont se retrouver au cœur de ce volume.

DE L'HUMOUR À L'ÉCRITURE:
DON EVANÉ MARQUY

Une œuvre classique

En dépit de sa date de publication, 1953[1], *Don Evané Marquy* peut fort bien être considéré déjà comme un poème oulipien de Raymond Queneau, tant sont nets les rapports avec l'écriture à contrainte prônée par les membres de l'Ouvroir de Littérature Potentielle. Examiner ces vers en tant que préfiguration des travaux de l'Oulipo est du reste d'autant plus facile qu'une des ambitions du groupe était justement de *revitaliser* des coutumes poétiques tombées en désuétude par le succès du vers-librisme. Si le texte constitue une ouverture adéquate, c'est toutefois moins en raison de ses vertus prémonitoires qu'à cause de la mémoire scripturale dont il se trouve investi. En lui convergent les traditions de plusieurs familles de contraintes.

Mais voici d'abord ces vers:

Don Evané Marquy

Dyeu n'a monarque
Yva donne marque
Eva n'y marque don
Yve marque d'anon
Qu'y a mon are de nu
Que yanne a mordu
Ayr eau de mon nu (q!)
Que monde n'y aura.

---

(1) Dans un numéro spécial sur Queneau de la revue belge *Temps mêlés*, n° 4-5. On cite ici d'après l'édition de poche *L'instant fatal* précédé de *Les Ziaux*, Paris, Gallimard, 1966, p. 45.

Le programme du poème est simple, sa règle est l'anagramme: chacun des vers redistribue les 14 lettres du titre,
lequel réalise une première interversion du nom de l'auteur.
Ses enjeux, toutefois, dépassent largement le cadre d'une
figure rhétorique bien connue dont Jean-Claude Lebensztejn résume comme suit le fonctionnement de base:

> L'anagramme classique est confectionné en renversant le mot
> de départ, puis en cherchant empiriquement des redistri-
> butions particulières: associations, correspondances. Cette
> méthode manque de rigueur et de fécondité: on reste dans le
> champ sémantique du mot de départ auquel on associe par
> le déplacement de ses lettres un attribut cocasse. Par exemple
> Salvador Dali est cupide puisque son nom le dit: Avida
> Dollars. Mais par là même Salvador Dali reste Salvador Dali.
> De même la Révolution française porte en elle sa propre fin
> puisque un veto corse la finira.[2]

Don Evané Marquy innove-t-il par rapport à cette norme
tacite? Une comparaison succincte avec la section «Anagrammes» des *Exercices de style* fournira une première réponse.
On y lit:

> Dans l'S à une rhuee d'effluenca un pety dans les stingvix nas,
> qui tavia un drang ouc miagre et un peaucha nigar d'un dro-
> con au lieu ed nubar, se pisaduit avec un treau guervayo (...).[3]

Ce spécimen de langage poétique s'éloigne-t-il du français moyen? Deux traits, en réalité, concourent à enrayer
considérablement les effets subversifs du procédé. Premièrement, il importe de souligner la *disparité des termes engagés*.
Pour qu'un conflit puisse s'instaurer entre la base de l'opération anagrammatique et son produit, il est indispensable
que les adversaires soient de force égale. Ici, pourtant, le

---

(2) *La Fourche*, Paris, Gallimard, 1972, p. 34.
(3) *Exercices de style*, Paris, Gallimard, coll. Folio, 1982, p. 32.

fragment intitulé «Anagrammes» ne signifie qu'en référence à une série de lignes implicites dont il apparaît comme la transparente traduction («Dans l'S à une heure d'affluence un type dans les vingt-six ans, qui avait un grand cou maigre et d'un chapeau garni d'un cordon au lieu de ruban, se disputa avec un autre voyageur (...)»). Si loufoque que soit le passage d'arrivée, il se condamne à l'insignifiance par l'inféodation absolue à son substrat. Deuxièmement, on ne peut que constater l'*application restreinte* de la figure utilisée. Les permutations de lettres demeurent innocentes parce qu'elles portent seulement sur les mots de la formule de départ, dont elles respectent le découpage lexématique et partant la syntaxe. Autant l'anagramme s'attaque allègrement au dictionnaire, autant elle recule devant toute infraction au niveau supérieur de la phrase, de sorte que le lexique, même perturbé dans sa morphologie, demeure parfaitement compréhensible. D'une version à l'autre, Queneau maintient en effet la division du texte en vocables séparés par des blancs et structurés à l'aide de signes de ponctuation, tout comme il ne change pas leur fonction syntaxique dans la phrase. Les «parties du discours» restent facilement identifiables, car l'anagramme laisse intacts les deux facteurs qui, en français, déterminent la fonction des composantes phrastiques: d'une part, l'ordre des mots (il est immuable); d'autre part, les mots auxiliaires ou mots-outils (ils échappent systématiquement à la désarticulation qui frappe les mots «pleins»).

Dans *Exercices de style*, l'anagramme se révèle donc une pure opération de surface, qui ne touche ni au fond, ni à la forme de la brève histoire racontée 99 fois, de 99 manières différentes. Elle y reste empêtrée dans une fonction purement ludique.

Les anagrammes de *Don Evané Marquy*, par contre, multiplient les différences avec ce schéma convenu. Plus nombreuses d'abord, les variations sont aussi plus variées sur le plan formel. Cassant l'équivalence des unités lexématiques, elles introduisent ensuite dans le poème une manière de narration, pour diffuse qu'elle soit. Proposant des termes néologiques dont l'interprétation univoque n'est plus assurée, elles desserrent enfin un peu les boulons du contrôle sémantique, attirant ainsi l'attention sur la matière du jeu textuel.

En conclure déjà que l'anagramme s'émancipe directement de ses fonctions traditionnelles serait toutefois hâtif. S'il est vrai que *Don Evané Marquy* n'obtempère plus aux lois de l'anagramme présidant à la création pseudonymique, par exemple, ses liens avec le genre séculaire et codifié du *beau présent*, c'est-à-dire d'une composition «(écrite) avec les seules lettres du nom de son dédicataire»[4] ne sont pas négligeables. Or, le recours à ce genre proche, dérivé de l'anagramme, permet de récupérer les plus importantes des déviations signalées par l'analyse. Pour commencer, le beau présent déploie un nom sur un nombre de lignes plus ou moins élevé. Que ce soit ici le nom du *signataire*, et non pas celui du *dédicataire*, qui se trouve au cœur du travail, est un rappel de l'association partout admise de l'anagramme et du pseudonyme. Ce glissement instille en outre un point d'autodérision qui n'étonnera guère les fidèles de Raymond Queneau. S'agissant ensuite de la seconde nouveauté formelle du poème, l'introduction dans l'anagramme d'un versant narratif, une nuance doit s'imposer. Quelle que soit la force de cette aspiration au récit, il est indéniable que *Don Evané Marquy* prodigue aussi les signes d'un refus de la narration. Le fléchissement de cette veine dans la seconde

---

(4) Bernard Magné, «Perécritures», in *La réécriture* (ouvrage collectif dirigé par C. Oriol-Boyer), Grenoble, Ceditel, 1990, p. 70. Pour plus de détails sur le «beau présent», voir Mireille Ribière, «En parallèle: rencontre (*Alphabet pour Stämpfli*)», in *Le Cabinet d'amateur*, n° 1, 1993, p. 77-97.

moitié du poème, puis l'explication au vers 8 («Que monde n'y aura») de ce qui peut être lu comme une sorte de récit avorté, font que les capacités narratives du texte ne doivent pas être exagérées. La troisième particularité de *Don Evané Marquy*, enfin, l'amoindrissement présumé de la tutelle sémantique, rencontre vite, elle aussi, une limite incontestable. Vu le nombre faramineux (14!) de combinaisons possibles, il est symptomatique qu'aucune phrase un tant soit peu lettriste n'ait été retenue. La mise en question du chapeau sémantique est trop local pour être vraiment efficace.

Un écart minuscule

En déduire finalement que les anagrammes de *Don Evané Marquy* s'ébattent dans les seules franges de la tradition serait néanmoins une erreur néfaste. Car le poème casse radicalement une certaine idée de l'anagramme, non certes dans les trois domaines envisagés ci-dessus, mais au niveau du décalage entre son titre et le nom qu'il transcrit. Accordée jusqu'ici, l'équivalence des deux doit maintenant être dénoncée: dans le pseudonyme apparaît un «v» que l'on cherchera en vain dans «Raymond Queneau».

Pour minuscule qu'elle soit, cette différence est hautement considérable, puisqu'elle bouleverse à tous les niveaux un système anagrammatique fondé sur l'analogie de l'anagrammatisé et de l'anagrammatisant. Au lieu d'assurer l'union d'un Nom et d'un pseudonyme, envers et endroit d'une même médaille, le titre engendre une structure à double entrée que les anagrammes de l'œuvre (les huit vers du poème) auront pour mission de souder. Le poème n'existe qu'afin de mettre un terme à la faille instaurée par sa périgraphie. L'œuvre s'assimile à un trajet devant combler l'écart institué par la rupture graphématique entre le nom de Queneau et le pseudonyme créé par le titre. A la place d'une précision ou d'une saturation sémantique de leur modèle, les anagrammes de l'œuvre doivent fournir les jalons formels d'une trajectoire appelée à camoufler la rupture entre le signataire du texte et son pseudonyme apparemment réussi.

Qu'avec les huit vers de *Don Evané Marquy* on ait bel et bien affaire à un parcours *formel*, à une succession orientée, et non pas à la simple présentation «en accolade»[5] d'une série de variantes, résulte d'une double caractéristique. D'une part, on observe que la répartition des «v» n'est pas aléatoire: ils se voient groupés dans les vers 2, 3 et 4, soit la partie du poème qui est la plus proche du titre, où «v» se substitue à «u». De cette façon, les dernières phrases se rapprochent formellement de la signature de l'auteur que l'on projette de façon virtuelle en bas de l'œuvre. D'autre part, et dans le prolongement de ce qui précède, on ne peut pas ne pas s'apercevoir d'une parenté morphologique entre le début du texte et le titre, d'un côté, puis entre sa fin et le nom du signataire, de l'autre. Une fois de plus, donc, le poème semble fait pour tendre un pont de «Don Evané Marquy» à «Raymond Queneau». Si, avec Philippe Hamon, l'on élargit au plan du signifiant l'antinomie du *narratif* (la *transformation* d'un matériau) et du *descriptif* (la *déclinaison* d'un matériau), il est patent que la structure de *Don Evané Marquy* est profondément narrative[6].

Or, à mieux y regarder cette fonction unificatrice des anagrammes est paradoxale. En effet, c'est dans la mesure même où elle comble l'écart entre le nom et le pseudonyme qui l'engendre, que l'œuvre le maintient. C'est par la

---

(5) Par ce terme Christian Metz désigne un type particulier de syntagme a-chronologique, cf. *Essais sur la signification au cinéma*, tome 1, Paris, Klincksieck, 1975, p. 127.

(6) Voir *Introduction à l'analyse du descriptif*, Paris, Hachette, 1981, p. 105 sq.

présence même d'une voie entre les deux rives de la périgraphie, le titre en haut, le signataire (implicitement) en bas, que la tension entre nom propre et pseudonyme est rehaussée. Si les deux coïncidaient, comme dans l'anagramme classique, on n'aurait aucun besoin d'un tel effort de liaison. La différence s'affirme par ce qui a pour tâche de la combattre.

La nouvelle stratégie de l'anagramme se présente dès lors comme un jeu retors avec l'identité. Devant redoubler le nom de l'auteur par un nom de plume qui le définisse, l'anagramme périgraphique dédouble en fait ce nom, l'oppose à lui-même. Ayant à gommer la distance entre les deux termes, les anagrammes de l'œuvre finissent par encore la mettre en valeur. De cette façon se brise l'esprit représentatif qui gouverne l'anagramme conventionnelle: prenant au sérieux les différences matérielles de deux segments partageant les mêmes graphèmes disposés autrement, *Don Evané Marquy* sape l'idée que seule compte finalement leur éventuelle identité de sens.

Une question toutefois émerge: cette règle nouvelle, fondée sur les répercussions fondamentales du changement d'*une* lettre, est-elle lecturable? A en juger les commentaires, intelligents pourtant, qui en ont été donnés, il faut bien conclure que le texte ne fait pas trop pour souligner la pertinence de ce programme. Ni les critiques[7], ni les continuateurs[8] de

(7) Le texte de Queneau a fait l'objet d'une lecture de Renée Baligand, dans son livre *Les Poèmes de Raymond Queneau*, Paris, Didier, 1972, p. 93 sq., et de Philippe Hamon, dans son ouvrage déjà cité, *Introduction à l'analyse du descriptif*.

(8) Les nouvelles variations anagrammatiques sur le nom de Queneau qui accompagnent *Don Evané Marquy* dans le numéro spécial de la revue *Temps mêlés* (o.c.) ne comportent jamais de «v». Selon M. André Blavier, ancien directeur du centre Queneau de Verviers, la plupart de ces «beaux présents» complémentaires sont de la main de Paul Colinet et d'un membre anonyme du Collège de Pataphysique. D'autres seraient variations dues à Dewaelhens ou à Koenig.

Don Evané Marquy ne remarquent en effet la particularité graphique qui permet à ce poème de dépasser l'ancienne poétique de l'anagramme. Sans doute n'y a-t-on vu qu'un archaïsme faisant partie intégrante du jeu anagrammatique: ce n'est en effet que depuis 1762, date de parution de la quatrième édition du Dictionnaire de l'Académie, que l'orthographe officielle distingue le «u» du «v» ainsi que le «i» du «j» (or, plusieurs anagrammes célèbres, dont celui de Voltaire, échangent encore ces lettres).

Pour asseoir la lecturabilité de l'écart entre le nom en «u» et le pseudonyme en «v», l'échange des lettres aurait dû être plus frappant. Telle quelle, la prise de position à l'égard du nom de l'auteur, et partant d'une certaine conception de l'écriture, se dégage mal de son horizon ludique, de sorte qu'il n'est pas facile de départager de ce point de vue *Don Evané Marquy* et les *Exercices de style*. Faute d'insister sur l'écart qui le fonde et le dérègle, le poème reste un jeu cocasse qui se déroule à l'abri du nom.

Après le point final

La lecturabilité ne s'avère pas seulement en cause à hauteur des variations graphématiques. Elle demeure aussi en suspens au niveau de la combinatoire même qui dirige le déplacement des lettres. Vu le grand nombre de variantes imaginables, le lecteur est forcément amené à s'interroger sur les lois de sélection, ou plutôt de restriction, des lignes forgées. Si uniquement affleure, à première vue, le critère sémantique, Raymond Queneau s'étant interdit toute manipulation dénudée de sens, l'on peut toutefois se demander si *Don Evané Marquy* ne construit pas une suite *réglée*, autorisant ainsi au lecteur de *continuer* l'écriture.

La réponse à cette question est incontestablement affirmative, car dans le texte de Queneau s'emboîtent deux manœuvres qui autorisent le lecteur à prendre la relève: le refus de la clôture, d'une part, et l'inscription en creux de nouveaux programmes, d'autre part.

De prime abord, *Don Evané Marquy* semble s'achever au terme de ses huit et une variantes. Poème à double entrée (celle du nom de l'auteur en «u» et celle du titre-pseudo-nyme en «v»), il multiplie les signes de ce partage, divisant l'œuvre de huit vers en deux parties de même poids et de même valeur. Les signes de ce partage affectent tous les niveaux du texte.

Morphologiquement d'abord, les quatre premiers vers reprennent sans trop les changer les trois blocs du titre, alors que l'éclatement des composantes du nom est beau-coup plus poussé dans la deuxième partie, sauf, partielle-ment, vers la fin, comme si «Don Evané Marquy» avait hâte d'atteindre sa ligne d'arrivée: Raymond Queneau. Syntaxiquement ensuite, on trouve deux régimes différents qui correspondent assez bien aux deux pans du poème. Dans les vers 1-4 la fonction des éléments est déterminée par la place qu'ils occupent. Ailleurs il est fait un appel plus large aux mots-outils pour désambiguïser les phrases. Sémantiquement enfin, on pourrait qualifier de seigneurial le ton qui prévaut dans la première partie, la fin du texte appartenant à un niveau de langue plus roturier. Au début, en effet, le titre comporte une triple actualisation de la notion de «seigneur»: «Don» (titre d'honneur en espagnol), «Evané» (paronomase de Yavhé), «Marquy» (homonyme de marquis) et cette élévation se reproduit dans la première ligne où l'on assiste à une fusion du divin et du royal. Le contraste est vif avec les autres vers, où le vocabulaire est trivial et parfois franchement vulgaire. Ce n'est pas par hasard, bien sûr, que cette déchéance affecte surtout l'autre pôle de *Don Evané Marquy,* le nom et le prénom de l'auteur Raymond Queneau: homonyme de «cul», la dernière lettre du vers 7, celle qu'on découvre au début du patronyme, incite à lire dans «ayr», qui lui fait écho en début de vers, la forme inversée «raie», laquelle inaugaure le prénom. La clôture du poème se lit en plus dans son schéma rimique. Aux rimes riches des vers 1-2 succèdent d'abord, dans les vers 3-4 des rimes suffisantes, puis de simples assonances aux vers 5-6. Le vers 7 maintient l'assonance, mais sans le moindre appui graphique, tandis que le vers final reste complètement en marge du schéma mis en place au préalable. A cet appauvrissement progressif on peut attribuer une certaine valeur autoreprésentative: que la structure des rimes s'essouffle signifierait alors la fin du poème, tout comme le début en était claironné par la syllabe centrale du titre: «né». Comme il a déjà été souligné, le contenu de *Don Evané Marquy* redouble cet effondrement: après le registre un peu cérémonieux des premières lignes, qui connote le projet même de la pseudonymie par anagramme (la glorification, fût-elle ironique, du nom), le retour à un ton plus terre à terre n'est pas sans renvoyer à l'échec de ce programme. De la même façon la volta du poème se situe à hauteur du mot «anon», qui par ânon et ânonnement sous-entendus, parodie à la fois le nom et le processus de nomination.

La clôture textuelle, toutefois, n'est pas aussi raide que cette analyse pourrait le faire paraître. Pour peu que s'accentuent les possibilités d'équivoque, par exemple, le poème secoue vite le joug unitaire dont on vient d'esquisser quelques lignes. Avec un auteur comme Queneau qui affectionne le sonore, il est normal qu'une structure à contrainte graphématique soit contaminée par le niveau phonique et notamment par l'exploitation des vertus d'homonymie de la langue française. Dans le vers 7, «Ayr eau de mon nu (q!)», l'on repère ainsi sans difficulté un grand nombre de variantes homophoniques telles que «héros», «héraut», «démon» ou «nuque». Et le recours systématique à des «épellations lexicalisées»[9] (ayr=R, eau=O, en début de vers) comme à leurs contraires, les lettres sémantisables (Q=cul, en fin de vers), accroît encore les lectures possibles.

C'est aussi la syntaxe qui fonctionne comme auxiliaire de cette pluralité. L'absence de ponctuation, notamment, est source d'une très savoureuse confusion entre l'unité du vers et l'unité de la phrase. La syntaxe ou, plus précisément, ses défaillances rendent aux lexèmes l'autonomie qu'ils tendent à perdre dans une phrase normale.

Plus importante toutefois que cette multiplication des sens est la transformation de la règle initiale (la redistribution, x lignes durant, d'un nombre égal de lettres). Que cette mutation demeure ici virtuelle, ne signifie aucunement qu'elle ne puisse être réalisée. Sans opérer lui-même le changement de sa contrainte, Raymond Queneau donne au lecteur les moyens de le faire à sa place.

Le lieu de cette opération est la ponctuation au vers 7, un élément qui, tant par sa venue tardive que par son emploi quasi singulatif, frappe énormément l'attention. Pourquoi la lettre «q» est-elle entre parenthèses et suivie d'un point d'exclamation? Ecartons d'emblée toute explication qui en appelle à la clarté du sens et justifie la ponctuation comme un moyen de sauver la phrase d'une structure agrammaticale. En effet, si la désambiguïsation avait vraiment été le mobile de l'auteur, c'est l'arrivée seulement tardive des signes de ponctuation qui serait devenue aberrante. Une autre raison doit donc être supposée.

Le statut de cette curieuse ponctuation est à coup sûr autoréférentiel. S'étant d'abord fait attendre, se manifestant ensuite par deux occurrences quasi simultanées, les signes de ponctuation tendent évidemment à se mettre en exergue.

(⁹) Cf. Gérard Genette, *Mimologiques*, Paris, Seuil, 1976, p. 368.

En réalité, l'enjeu de cette signalisation va bien plus loin. En s'autodésignant, et en désignant de façon oblique les blancs interlexématiques, la classe des signes de ponctuation met en avant tout ce qui glisse d'ordinaire entre les mailles de la contrainte anagrammatique, qui ne gère pas ces coupures de façon très stricte. Ce qui s'entrevoit alors, c'est la possibilité d'une anagramme élargie, où la règle n'embrasse plus seulement les lettres, mais aussi tous les signes, pleins ou vides, qui servent à leur mise en discours.

Dans cette optique, qu'on peut appeler sans hésitation *métareprésentative*, il convient de faire remarquer qu'à l'instar des lettres, les signes de ponctuation peuvent se troquer contre des mots. C'est ainsi que Raymond Queneau y substitue parfois leur forme lexicalisée:

> (...) un comme celui-là deux points
> sabre de bois (...)[10]

A lire davantage, on s'aperçoit qu'une œuvre peut, dans sa poursuite de l'amphibologie, mettre à profit les deux lectures admises par les lettres comme par les signes typographiques et les blancs. Pour ce qui est des premières, Queneau en donne lui-même un exemple dans *Don Evané Marquy*, avec l'intrication de «q» et «cul». S'agissant des derniers, le lecteur en fournira une illustration en tirant un trait sous le poème[11]. De cette façon, qui était déjà celle de Ponge[12], il fait surgir une nouvelle phrase: «Que le monde

---

(10) *L'instant fatal*, o.c., p. 163.

(11) Dans sa citation du poème, Philippe Hamon, o.c., p. 108, ajoute curieusement un *tiret* au dernier vers. A moins qu'il ne s'agisse, dans l'esprit du critique, d'un véritable trait.

(12) L'on se rappellera la conclusion de «La Fin de l'automne»: «(...) mais là commence une autre histoire, qui dépend peut-être mais n'a pas l'odeur de la règle noire qui va me servir à tirer mon trait sous celle-ci.», *Le parti pris des choses*, Paris, Gallimard, coll. Poésie, 1979, p. 34.

n'y aura *trait*», dont l'intégration au poème n'est pas dénuée de sens.

Telle articulation prolonge les recherches sur l'anagramme au-delà des préoccupations habituelles. *Don Evané Marquy*, certes, ne va pas expressément jusque-là. Mais s'il s'arrête au seuil, il permet quand même que le lecteur le franchisse.

LE TEXTE COMME CLICHÉ:
NOTRE ANTÉFIXE

Un certain regard sur le texte

C'est à l'intérieur du même genre que l'on retrouve un «classique», Raymond Queneau, et un «iconoclaste», Denis Roche. Au même titre que *Don Evané Marquy*, en effet, *Notre antéfixe*[1] propose une manière d'*autoportrait textuel*, double en l'occurrence, puisque c'est le groupe de l'auteur et de sa compagne qui apparaît à la lucarne de l'œuvre. Les analogies formelles de ces deux «poèmes» sont d'ailleurs loin d'être négligeables. Chez Roche comme chez Queneau, l'ampleur de la règle de base n'excède point les limites de la ligne (celles de *Notre antéfixe* seront du reste numérotées). Dans chacun des cas, l'écriture se déplie à partir de l'application réitérée de cette contrainte, ici de façon très modeste (*Don Evané Marquy* se borne à neuf variations), là avec une gouailleuse démesure (*Notre antéfixe* s'étend sur pas moins de 243 lignes et 9 pages).

Contrairement à l'auteur de *Don Evané Marquy*, le signataire de *Notre antéfixe*, plus lecturable en cela, a entouré son travail d'un progamme très explicite, «Entrée des machines/ Préface». Dans ce commentaire ajouté à l'œuvre lors de la seconde publication de la séquence, Denis Roche évoque comme suit la règle et les enjeux de ses *Dépôts de savoir &*

(¹) Après avoir fait l'objet d'une publication sous couverture séparée chez Flammarion, en 1978 dans la collection «Textes», *Notre antéfixe* a été inclus dans le volume *Dépôts de savoir & de technique*, Paris, Seuil, 1980. On cite d'après cette dernière édition.

de technique, dont *Notre antéfixe* constitue le parangon. Pour chacune des compositions réunies, le dispositif consiste à:

> (répéter) à l'infini, en étant libre de (s)'arrêter à n'importe quel moment, une même longueur de texte – non pas un *même texte*, mais un même nombre de signes, une même longueur d'écriture déjà faite (...). (Découper) des lignes qui étaient strictement de même longueur, mais chaque fois prises dans des écrits différents, variés.[2]

Eminemment matérielle, cette structure s'exécute moins dans l'ignorance du sens que *contre* lui. Les fragments choisis ne correspondent pas à des unités sémantiques, leurs dimensions étant aussi telles qu'une signification, si elle a le temps de s'esquisser, n'a pas celui de vraiment aboutir. La mise en série s'arrange de plus pour couper court à toute velléité narrative, voire, plus simplement, à tout effort classique de montage, les lignes s'empilant davantage qu'elles ne s'enchaînent. L'effet global, néanmoins, ne se dérobe pas aux exigences de la représentation. Avec les *Dépôts de savoir & de technique*, dont les «portraits-antéfixes»[3] ne forment qu'une partie, il s'agit d'une capture du réel, au-delà des clivages anciens:

> (...) je n'avais qu'une chose en tête: que le partage poésie-prose auquel j'étais alors affronté de manière permanente n'avait aucun intérêt et reproduisait seulement des schémas anciens occlusifs et usés, et que la béance même entre eux dans laquelle je m'agitais avec beaucoup de plaisir et de machiavélisme n'était qu'un signe de plus que tout ça était usé jusqu'à la trame (...).

---

(2) *Dépôts de savoir & de technique*, o.c., p. 107-108.

(3) «*Antéfixe*. Ornement de sculpture, ordinairement en terre cuite, qui décorait le bord des toits. Sans doute d'invention étrusque les antéfixes masquaient l'ouverture des tuiles rondes, mais devinrent rapidement de véritables statues à l'image et la taille des hommes et des femmes du temps.», cité dans *Dépôts de savoir & de technique*, o.c., p. 107.

(Ce livre est le) chant général des gens et des choses d'aujourd'hui, dont j'ai dit par ailleurs que cela se situait «au-delà du principe d'écriture» (...).[4]

Comme lui-même le souligne, la visée fondamentale de Roche est d'expérimenter une écriture nouvelle, redevable à la pratique de la photographie qui, étrangère à la recherche d'une signification, se contente de *faire montre* du réel: cessant de refouler la surface des choses, la photographie permettrait de les cadrer et de les reproduire instantanément et sans trêve aucune.

Cette stratégie «défigurative», pour citer Jean-Marie Gleize[5], est typique de l'écriture rochienne. Elle en opère aussi le dépassement. D'une part, le refus absolu du sens constitue l'ultime étape de la guérilla menée contre la littérature instituée. Entrepris dès les premiers livres de l'auteur, visant la totalité des écrits qui, sous les étiquettes les plus variées, se veulent une recherche du sens, le travail de sape atteindrait ici son maximum d'intensité. D'autre part, c'est aussi un adieu à la littérature, puisqu'après la sortie des *Dépôts*, Denis Roche semble confiner ses travaux à la sphère de la photographie où, curieusement, son approche, bien qu'également novatrice, paraît bien moins agressive que dans le domaine de la littérature[6].

D'autres critiques insistent en revanche sur ce qui dans l'œuvre de Roche perpétue la tradition moderne, toute de

(4) *Id.*, p. 106 et 110.

(5) «Denis Roche: la figuration défigurative», in *Poésie et figuration*, Paris, Seuil, 1983, p. 251-297. Cette étude recense et situe la plupart des autocommentaires de l'auteur.

(6) Pour un aperçu, voir le numéro spécial «Denis Roche» des *Cahiers de la photographie*, n° 17, 1989. Plus général, mais incontournable, est l'essai de Philippe Dubois, *L'acte photographique*, Bruxelles, Labor, 1983 (réédition Paris, Nathan, 1990), qui contient de multiples analyses du travail de Roche.

contestation et d'invention formelles. Jacques Roubaud, par exemple, fait remarquer que Denis Roche porte à incandescence le principe même de la poésie contemporaine, à savoir le rejet de l'alexandrin et l'adoption du vers libre[7]. Selon lui, la manière dont les *Dépôts* rejettent la cohérence sémantique du texte ne s'écarterait pas fondamentalement des partis pris majeurs du vers-librisme:

> Peu de poèmes ont suscité des violences aussi caractérisées, entre le rejet absolu (...) et les ardeurs un peu inutiles de quelques épigones. Les raisons en sont multiples. Une m'intéresse ici, que dit très bien la formule déjà citée de Mallarmé: «On a touché au vers.» Un siècle a passé; il ne s'agit pas du même vers, mais la nouvelle est toujours «surprenante».
> La stratégie de l'attaque (...) me semble être, très formelle, la suivante -faire comme si le vers était libre et tirer, axiomatiquement, toutes les conclusions de la définition
> *Le vers libre c'est aller à la ligne*
> en confrontant, polémiquement, ses conséquences aux restrictions de toute sorte apportées par la pratique du vers libre commun.[8]

Dans le cas de *Notre antéfixe*, abstraction faite du problème de l'appartenance de ce texte au corpus «poétique», la thèse de Roubaud ne semble pas manquer de justesse. La nouveauté de ce projet consiste en effet dans la combinaison de deux contraintes fort anciennes, mais jusque-là dissociées: l'*isométrie graphématique*, d'un côté, la *discontinuité sémantique*, de l'autre. La seconde de ces règles caractérise des genres aussi divers que la fatrasie, le centon ou le cadavre exquis: Roche, cependant, en radicalise le principe, notamment par l'inhabituelle longueur de la séquence. La première règle, dont la poésie visuelle antique et moderne a

---

(7) *La vieillesse d'Alexandre*, o.c.
(8) Id., p. 170-171.

fait très ample usage, donne lieu chez Roche à une variation des plus intéressantes, entrevue déjà chez Raymond Queneau: à la différence des formes classiques, où le nombre de blancs est une donnée aléatoire, les *Dépôts* — dont il faudra préciser les liens avec l'outil de leur inscription: la machine à écrire — considèrent le blanc comme un signe ou plus exactement, comme un signe-espace à part entière.

Il serait injuste, cependant, d'alléguer ces relations pour refuser de voir dans les *Dépôts* un événement de premier rang. Si, en effet, le nombre d'ouvrages axés sur la matérialité du signifiant scripturaire s'est accru considérablement depuis le début du siècle, jamais encore cette «grammatextualisation» de la littérature, pour reprendre le terme de Jean Gérard Lapacherie[9], n'avait posé de façon aussi inconditionnelle le conflit de l'écrit, comme lieu de construction du sens, et de l'image photographiée, comme outil prédateur de prise du référent. Jamais non plus, même si le lien entre éviction du sens et glissement de l'écrit vers l'image n'est pas un problème inédit, cette question n'avait été formulée avec autant de vigueur.

Il reste cependant que l'analogie postulée du scriptural et du photographique, qui fait comparer la ligne à une photo et la page à une planche-contact, ne va certainement pas de soi. L'équivalence de l'œuvre écrite et de la photographie, ou plutôt de la ligne et de l'image photographique, n'est pas techniquement irréprochable. A hauteur des *effets*, la ressemblance se justifie sans doute parce que l'on a affaire de part et d'autre à de pures surfaces, à des extraits du réel mettant entre parenthèses le «qu'est-ce que ça veut dire?». Sur le plan du *mode de production*, les divergences sont toutefois notables. Denis Roche assimile le *découpage* de la ligne à une opération de *cadrage* photographique, mais on

(⁹) «De la grammatextualité», in *Poétique*, n° 59, 1984, p. 282-294.

peut douter que le procédé scriptural des *Dépôts* s'apparente au cadrage sur un mode autre que métaphorique. Cadrer photographiquement un écrit reviendrait à n'en retenir que ce qui ne dépasse pas une certaine mesure fixée par les dimensions de l'instrument qui opère. De pareille intervention, l'équivalent littéraire n'est pas impensable: c'est le *cut-up*, qui peut être du n'importe quoi, formellement parlant, comme chez Burroughs, ou au contraire se prêter à toutes sortes de sophistications, dont les *Fuzzy sets* de Claude Ollier[10] laissent entrevoir plus d'une possibilité. Or, la façon de procéder de Denis Roche est tout autre. L'instrument du cadrage y est moins la ligne, c'est-à-dire la justification, mesurée en centimètres et millimètres, que le nombre de signes en elle contenue. Dit autrement, de l'étalon compte moins la longueur que la division interne. Comment se gradue le contenant-ligne importe davantage que les limites externes qui le circonscrivent.

Dans cette métamorphose du cadre, qui devient *grille* au lieu d'indiquer une *étendue*, on peut lire la résistance de l'écrit au fonctionnement purement iconique auquel il se trouve ici destiné. Segmentée en x positions, la ligne rompt avec le caractère *synthétique* de l'image pour s'ajuster à la propriété essentielle de l'écrit, qui est d'*enchaîner des signes discrets*. Cette spécificité du scriptural réapparaît au niveau du découpage lui-même: au lieu que la grille s'applique instantanément à des écrits dissemblables entre eux, elle se voit remplie progressivement par l'épellation des publications-source qui se prolonge jusqu'à ce que soit atteint le nombre d'unités requises (61, pour *Notre antéfixe*). Plus que de découpage ou de cadrage, il convient donc de parler de décompte et tout rapprochement *direct* avec la photographie doit donc être examiné avec circonspection.

(10) Paris, U.G.E., coll. 10/18, 1975.

Après cette première fissure, la relation technique entre cadrage (en photographie) et découpage (en littérature) se voit encore atténuée par la mise en livre des *Dépôts de savoir & de technique*. En faisant composer *photomécaniquement* son *tapuscrit* (et Denis Roche prend soin de préciser marque et machine, une Hermès 3000 semi-portable), l'auteur est amené à faire varier l'espace entre les caractères, et ce à cause de la physiologie différente des lettres de l'alphabet. Ainsi se réintroduisent, fût-ce en sourdine, le décalage entre ligne et graduation et l'indépendance relative de celle-ci par rapport à celle-là (en jouant de l'espace entre les mots et les lettres, on peut faire entrer dans des lignes de même justification un nombre de caractères assez divergent). L'espace inter-graphématique se révélant modifiable, il est mis un terme à ce qui pouvait cautionner le rapport entre cadrage photo-graphique et découpage de tronçons dactylographiés: la soli-darité de la justification et du nombre de signes.

L'espace du sens

Mais que les symétries entre citation scripturale et cadrage photographique s'avèrent donc un peu sujettes à caution, n'entraîne guère la non-pertinence de l'analogie martelée par Denis Roche. Il convient seulement d'en *déplacer* l'enjeu. Imparfaite dans une perspective *technologique*, la référence à la photographie demeure d'une justesse sans faille sur le plan *stratégique*, où l'essentiel, répétons-le, demeure l'insatisfaction avec toute écriture séduite par la quête du sens. Mettre l'accent sur le versant photographique, voire photographié, de *Notre antéfixe*, c'est pour l'auteur un moyen supplémentaire de faire admettre à son lecteur une démarche renonçant à la hantise de la signification.

La teneur de ce geste, toutefois, n'est pas une simple ruse qui consisterait à imposer *en pratique* (l'œuvre écrite échapperait au sens parce la photographie avec laquelle on la compare le ferait aussi) ce qui reste à démontrer *en théorie* (où le problème de l'évacuation du sens n'est pas résolu puisque, justement, l'association des deux pratiques demeure lacunaire). Si tel était le cas, le recours à la photographie serait un raccourci théorique qui *déspécifie* la mise en question du sens. S'il arrive qu'il y a éviction du sens, celle-ci ne peut être que le résultat de précises mesures textuelles, comme l'ont indiqué entre autres les analyses de la fatrasie par le Groupe Mu[11] (et comme on le verra plus loin lors de la microlecture du début de *Notre antéfixe*).

Recommander pour l'œuvre une lecture photographique permet également de considérer l'aspect visuel des signes, puis d'assigner la signification à un *lieu* et une *place* déterminés. Prôner une telle approche incite en outre à *freiner* sérieusement *le souci de la totalité*, corollaire évident d'une focalisation sur le sens. En ramenant la composition scripturale à un problème de cadrage et l'écriture à la photographie, Roche enjoint au lecteur d'accepter le texte comme un ensemble d'unités hétérogènes et de regrouper ces dernières selon des lois à explorer. La double consé-quence d'une telle vue du texte-cliché, à savoir la *topologi-sation du sens* et la *fragmentation de l'œuvre*, semble ouvrir bien plus de pistes que l'identification directe de l'écriture à la photographie. Cette comparaison, en effet, voile plus qu'elle ne résout le problème de la signification. L'ajus-tement de la théorie rochienne, par contre, aiguille la dis-cussion sur le sens vers le domaine de l'écriture, tout en esquivant le stéréotype qui affaiblit tant de conceptions modernistes du texte: l'éloge aveugle de la polysémie tous

---

(11) «La fatrasie ou l'orchestration de l'impertinence», in *Rhétorique de la poésie*, Bruxelles, éd. Complexe, 1977, p. 216-229.

azimuts[12]. S'il y a production du sens, elle est, dans *Notre antéfixe*, à la fois *contrariée* (et l'on interrogera techniquement les mécanismes de ce blocage) et *sous surveillance* (et l'on fixera les jalons de son déploiement). En aucun cas n'est-elle aveugle ou incontrôlable. Comme le note Mireille Ribière, la maîtrise des effets de sens garantit, pour paradoxal que cela puisse paraître, l'exécution de tout texte qui a pour dessein la censure, toujours relative, du sens. Loin d'être une concession, pareille discipline dresse un garde-fou contre l'infinitisation du sens par laquelle se paie toute contestation non dominée:

> Contrairement à ce que l'on pourrait penser, tout écart (...) tend, une fois accepté et pris en charge par le lecteur, non pas à enrayer la lecture mais à l'activer. (...) La participation du lecteur étant inversement proportionnelle au degré d'élaboration sémantique (...), la difficulté n'est pas de produire du sens mais de produire un sens, ou un non-sens. (...) A la limite, la prolifération du sens est, contrairement aux idées reçues, la marque d'une certaine faiblesse du système.[13]

Malgré les attaques virulentes dont il se trouve l'objet, il y aura donc, dans *Notre antéfixe*, du sens, mais sa mise en place se fera de façon méticuleuse. L'idéal de cette œuvre n'est pas l'évitement de tout sens, mais son émergence ponctuelle et progressive à partir d'effets de lieu précis, inséparables quant à eux d'une lecture détaillée, c'est-à-dire d'une lecture *de détails*.

S'il est certain, comme l'a déjà mis au jour Jean-Marie Gleize dans son étude des répétitions de lignes[14], que *Notre*

---

(12) Pour une critique de la notion de polysémie tous azimuts, voir Mireille Ribière, «*Alphabets*: de l'exhibitionnisme en littérature», in *Cahiers Georges Perec* n° 1, 1985, p. 134-145..

(13) «*Alphabets*: de l'exhibitionnisme en littérature», art. cité, p. 143-144.

(14) Cf. *Poésie et figuration*, o.c., p. 228.

antéfixe fait naître une fiction, voire un récit (que les commentaires de Roche tendent peut-être à camoufler un peu), il est non moins vrai que le montage des unités phrastiques obéit, microscopiquement, à des règles d'une précision inattendue, pour peu qu'on accepte d'en considérer les lieux. Pour peu à peu dessiner les ossatures de l'œuvre, il convient en effet de sélectionner des segments, puis d'examiner leurs points stratégiques.

La décomposition du sens

C'est très à dessein qu'on se limitera ici aux quinze premières lignes de *Notre antéfixe*. Quand bien même Denis Roche insiste, dans son discours d'escorte, sur le défilé ininterrompu de toutes les lignes de la séquence[15], l'importance du cadrage et partant du détail conduisent à pratiquer des coupes. Le détachement de cette unité de lecture se justifie d'ailleurs pleinement sur le plan typographique. La phrase-exorde est en effet suivie d'une micro-séquence ouverte par une majuscule (le cas est peu fréquent et ce n'est pas par hasard qu'il caractérise juste ces lignes-là qui, répétées tout au long de l'œuvre, confèrent à celle-ci son architecture interne) et close par un point, ce qui constitue presque un hapax (que la dernière ligne de l'œuvre se termine elle aussi par un point ne fait que rehausser la valeur clausulaire de ce signe de ponctuation dans la ligne 15) :

Ah !... non morrai !... in quegli accenti,... Nè ciel, nè terra...[1]
La voici en effet, fracassant les arbres, foudroyant les murs[2]
ans succès des mangosteens & on achète 1 pette maison en arge[3]
ec ton ventre, mais c'est bob, continue mais fais-le bien cri[4]
ar le mur du Sud. D. TOUR DE GALATA. Appelée autrefois « tour[5]
que ce sont les + vivants portraits que la littérature ait ja[6]

---

(15) Cf. *Dépôts de savoir & de technique*, o.c., p. 110 et passim.

ibl. Orient. p. 930. Hyde, *de Rel. v. Pers.* c. 24. Prideaux, *H* [7]
sur l'allée étroite goudronnée du Lux[brg] lui à g. ds les arbr [8]
& le corps silencieux écrire c'est la voix et le son bruyants [9]
omprends c'est la 1re fois pour elle et elle a un peu peur, t [10]
à cette femme qu'on possède, qu'on caresse, qui lit et qui co [11]
un an plus tôt par le « Frate' nnamorato » du même Pergolesi. C [12]
hoto après photo & encore du grand cul blanc chevauchant suan [13]
leur chemin vers le positif. Ainsi la lumière bleue immobilis [14]
négatif qui, sa mission accomplie, ne doit plus être visible. [15]

Puisqu'il convient de ne jamais perdre de vue l'horizon du travail rochien, on commencera par dépister les voies selon lesquelles ce fragment parvient à entraver la lecture, à bloquer la recherche d'un sens global et cohérent.

Ici, la manœuvre concerne aussi bien les lignes vues isolément que leur empilement: c'est en effet le démembrement opéré au niveau de la ligne qui va empêcher de lire la suite des lignes comme une véritable succession d'éléments.

Citations tronquées, les lignes de *Notre antéfixe* demeurent mal définies tant qu'on rehausse seulement leur aspect «elliptique». Car la notion même d'ellipse produirait ici un leurre, dans la mesure où elle postule le maintien d'une totalité dont les parties de *Notre antéfixe* n'ont que faire. La définition traditionnelle de l'ellipse — «suppression de mots qui seraient nécessaires à la plénitude de la construction, mais que ceux qui sont exprimés font assez entendre pour qu'il ne reste ni obscurité ni incertitude»[16] — ne peut plus avoir cours. Pour démontrer que l'inachèvement de *Notre antéfixe* va bien au-delà de cette notion classique, on partira d'une réflexion de Jean-Marie Gleize. Constatant que les extrémités gauche et droite de la ligne sont fréquemment coupées, le critique fait remarquer qu'à droite:

(16) Cette définition est empruntée à la rhétorique de Fontanier.

(du point de vue de la lecture, toujours, car, du point de vue de l'écriture, le processus n'est pas qualitativement différent, il s'agit d'une simple nécessité de cadrage) la perturbation est moins grande dans la mesure où l'érosion finale d'un énoncé quelconque est ressentie comme appartenant aux accidents possibles du discours (extension et radicalisation des points de suspension après une phrase non terminée, brouillage ou recouvrement par une autre phrase d'une phrase commencée, etc.), tandis que l'érosion initiale est beaucoup plus intolérable (et beaucoup moins attestée à l'écrit).[17]

Il suffit pourtant de regarder un peu les coupures des lignes 1-15 pour s'apercevoir que l'effort de Roche porte en tout premier lieu sur l'élément final, dont il s'ingénie à compliquer le décodage, là où la reconstitution des morceaux liminaires se révèle bien moins épineuse. Cette application à contrecarrer le rétablissement «naturel» des fins de lignes défectueuses montre assez l'inadéquation du concept d'ellipse. La suppression finale est d'autant plus exacerbante que la majorité des lignes, loin d'être démunies de sens, en sont pour ainsi dire bourrées. L'incomplétude des phrases se voit en effet exhibée par une volonté très marquée de mettre en place, dans les limites des 61 signes, l'esquisse d'une signification. De cette tentative, l'hypertrophie de l'abréviation est le symptôme le plus manifeste: l'excès d'abréviation sert en effet à *tricher* avec les restrictions dictées par la règle de montage et à faciliter l'imminence d'un sens sur lequel va s'abattre inexorablement le couperet des 61 unités. La perturbation du sens naît de cette tension.

L'ajout en note, parfois glosé, des documents de base sur lesquels s'opère l'extraction irait, paradoxalement, dans le même sens. Denis Roche y voit une manière d'afficher à

(17) *Poésie et figuration*, o.c., p. 276.

quel point la machine de *Notre antéfixe* écrase et lamine le modèle qui s'y soumet:

> (...) on *s'y sent passer*, comme dans un grand désespoir d'amour, de ligne de vie en ligne de vie, entre vingt et vingt-cinq par page, et qu'on ne reste pas ainsi impunément des deux côtés du miroir à se viser et à se braquer dessus des optiques aussi impardonnables, sans y laisser quelque chose, ce quelque chose précisément qu'aucune autre activité précédente n'avait réussi à séparer de nous et à exhiber aussi bien.
>
> D'où notre «antéfixe» et aussi le fait que, soucieux là aussi de redoubler l'enjeu, j'aie décidé que ce «dépôt de savoir & de technique» serait le seul dans le volume (...) à être accompagné de *toutes* les explications: des commentaires nécessaires, comme des provenances diverses des piles de lignes, des lieux intimes où s'étaient opérées tant de prises.[18]

Page, planche, partition

L'éclatement de l'œuvre, pour poussé qu'il soit, cautionne aussi la venue d'une manière nouvelle de débusquer les structures qui s'entrecroisent dans ces lignes. L'attention accrue pour le détail fait en effet distinguer une multiplicité de correspondances locales, ponctuelles, qui tendent des ponts d'une ligne à l'autre.

Soit par exemple les deux premières règles de *Notre antéfixe*. On y débusque en tête de ligne la répétition d'une voyelle («ah», «la») et, à la fin, d'une consonne («terra», «murs»). Syntaxiquement, chacune des lignes se termine aussi par une construction analogue: de même que «nè ciel» est immédiatement repris par le syntagme «nè terra», de même la dernière partie de la ligne 2 voit apparaître à deux reprises la structure «participe présent + complément d'objet direct». C'est également de part et d'autre que l'on

---

(18) *Dépôts de savoir & de technique*, o.c., p. 110.

découvre les champs sémantiques de la mort et du son. Quant au mouvement descendant ébauché par la succession «ciel/terra», il ressurgit à la ligne suivante sous la forme dérivée de la foudre qui s'abat.

A couvrir l'ensemble de l'extrait choisi, cette lecture aura tôt fait d'en sélectionner les motifs dominants: le corps et l'architecture, d'un côté, la destruction, de l'autre. Tout cela n'est pas étranger au projet même de l'antéfixe, qui est un dépôt-portrait: l'entassement de lignes empruntées aux lieux où vit une personne se dresse comme une sorte de stèle funéraire en l'honneur de qui s'en voit exproprié.

Fondée sur le regroupement de noyaux sémantiques, pareille approche n'offre cependant qu'une perception gauchie de l'œuvre. En l'occurrence, un facteur précis en limite l'intérêt: l'importance prise par la spatialité des signes. Cette dimension de *Notre antéfixe* n'est pas à entendre comme la dégradation de l'écrit en image, mais comme la prise en considération de la position des éléments, sur la ligne et dans la page. Dans les lignes 1-15 de *Notre antéfixe*, les liens des unités s'avèrent inséparables du lieu où des unités se disposent, à telle enseigne qu'il est possible de visualiser certains des rapports internes. Schématiquement, la distribution pourrait être la suivante:

```
ligne   1: non morrai (a)
ligne   2: voici + fracassant, foudroyant (b)
ligne   3: /
ligne   4: continue (c)
ligne   5: autrefois (d)
ligne   6: ja(mais) (e)
ligne   7: /
ligne   8: /
ligne   9: /
ligne 10: la 1re fois (e')
ligne 11: /
ligne 12: un an plus tôt (d')
ligne 13: hoto après photo & encore (c')
ligne 14: leur chemin vers (...) immobilis (b')
ligne 15: ne doit plus être visible (a')
```

Affleure ainsi une structure en miroir quasi parfaite, la deuxième partie du texte reprenant, dans un ordre exactement inverse, les mentions temporelles de la première: l'aspect duratif (c, c'), l'antériorité (d, d'), l'occurrence initiale d'une possible série (e, e'). Il s'y ajoute que la lecturabilité de ces rapports se voit souvent renforcée par des symétries d'ordre lexical: ainsi l'aspect duratif des lignes 4 et 13 se place-t-il aux endroits les plus fortement sexualisés de la séquence, ceux-là précisément où se donnent à lire les synedocques du corps érotique: «cul», «ventre», «con(tinue)». Plus parfaite encore, car enchevêtrant davantage de secteurs, est la correspondance entre les extrémités du morceau. L'inversion y concerne non seulement l'*ordre* des marques temporelles, mais aussi leur *orientation*, c'est-à-dire leur *aspect*: la valeur clausulaire de la ligne 14, où une action expire, fait écho à une ligne 2 explicitement inchoative.

Plus: l'inversion se désigne elle-même dans le sort réservé à la négation. Celle-ci saute dès la ligne 2, mais par symétrie on la retrouve à la ligne 15, écho du tout début de la séquence (la négation y contribue d'ailleurs à faire communiquer deux unités qui correspondent moins sur le plan des temps grammaticaux que sur celui des modalités, l'un et l'autre exprimant un souhait, teinté d'appréhension à la ligne 1 et modifié d'une nuance prescriptive à la ligne 15).

L'intérêt stratégique de pareilles symétries est de *respécifier* en fonction du système d'accueil, le langage écrit, la dimension visuelle exaltée par la comparaison avec la photographie. Il est aussi de déplacer l'attention du domaine du *cadrage* à celui de la *composition interne* du fragment.

La prolifération de visions réfléchies, jusqu'au microscopique parfois, corrobore les bases de cette lecture. Ainsi remarque-t-on, décapitées l'une et l'autre, les prépositions antinomiques placées en tête des lignes 3 et 4: «sans», «avec». Ainsi encore, à la ligne 8, peut-on souligner les emblèmes plus ou moins voilés des positions gauche et droite qui changent de place: l'abréviation «à g.» («à gauche») est décalée vers la droite, reportée en fin de ligne, alors que le début est réservé à l'adjectif «étroite» qui se lit d'autant mieux comme une paronomase de «et droite» que le mot suivant, «gouDRonnée», remplace le groupe consonantique TR par son homologue sonore.

Toutefois, déplacer le centre de gravité de l'analyse vers les aspects spatiaux de la composition scripturale ne doit pas signifier que la notion de cadrage se vide de toute pertinence analytique. Encore convient-il de pousser à son terme le geste de respécification amorcé dans les paragraphes précédents et de passer au crible les extrémités des lignes étudiées.

En l'occurrence, c'est leur terminaison qui retient avant tout le regard. Cette plus grande perceptibilité s'explique moins par la différence qualitative des coupures inaugurale et clausulaire que par la nature même de la contrainte, qui est de faire compter jusqu'à 61. Avec une règle pareille, toute infraction, qu'il s'agisse d'unités surnuméraires ou d'éléments manquants, a l'avantage d'être immédiatement localisée: la faute ne peut se manifester qu'au bout du compte, c'est-à-dire à la fin des lignes. Si *Notre antéfixe* présente de telles infractions à la règle des 61 signes, la lecturabilité de cette pratique n'est pas immédiate. L'effacement de la version dactylographiée de l'œuvre, qui accorde à chaque unité un espace identique, supprime aussi la visibilité des écarts et risque de décourager le lecteur lancé à la poursuite des lignes «incorrectes».

Seule l'apparition rapide de ces entorses à la contrainte peut donc prévenir le lecteur et cautionner la saisie effective des ratés de la règle. Or, dans le fragment analysé, une irrégularité se manifeste déjà à la ligne 1 qui totalise, surponctuée, 64 signes, puis aux lignes 7 et 9, dont les 62 signes injectent dans le texte — à des endroits symétriques, des deux côtés de la ligne centrale du fragment détaché — une lettre de trop. Dans le cas de la ligne 7, l'élément ajouté va en plus s'efforcer de rendre lecturable, par le biais d'une information autoréférentielle en trois temps, l'irrégularité commise. Disant ce que fait le texte (*couper* en passant à la ligne), le terme «H» («hache») se révèle d'abord, par antiphrase, l'unité qui échappe au coup d'arrêt. Le jeu des miroitements entre positions adverses dirige ensuite le lecteur vers l'ouverture de la ligne, où se repèrent la même lettre et la même leçon autoreprésentative: lu aussi en anglais («to hide», cacher) grâce aux nombreux termes étrangers dont *Notre antéfixe* est émaillé, le mot «Hyde» énonce une règle de censure — celle de tous les signes dépassant à gauche ou à droite du fragment sélectionné — dont l'extrémité de la ligne prendra le contrepied. Une troisième étape surenchérit encore sur cette révélation de la contrainte. Par le biais du syntagme «Hyde Park» avec lequel il se voit rapidement associé, le début «Hyde» crée une amorce de géographie urbaine que couronne la mention, à la ligne suivante, du Jardin du Luxembourg, aussi lumineux que Hyde était ténébreux: l'abréviation et le multilinguisme du texte aidant, «Lux^{brg}» appelle d'autant mieux la lumière en latin que la suite française — «lui» — file exactement la même idée.

Les «rimes», au sens très général du terme, présentent elles aussi la bipartition déjà observée au niveau des marques du temps. Les fins de ligne sont liées les unes aux autres, sans toutefois que cet arrangement vertical obéisse à une règle uniforme.

Dans une première partie, qui embrasse les lignes 1-10, le principe unificateur est donné par les migrations de la consonne R. Une structure se met en place, où le R tantôt précède et tantôt suit le dernier élément vocalique, le «e» final de la ligne 3 étant muet:

« terra »	R + voyelle
murs	voyelle + R
« arge »	voyelle + R
« cri »	R + voyelle

Elle dégénère ensuite, se répétant dans les lignes 5 et 8 (voyelle + R), mais s'interrompant déjà aux lignes 6 et 7 et se laissant chasser, aux lignes 9 et 10, de la position finale très forte qui avait commencé par être la sienne.

Dans une deuxième partie du fragment, qui empiète en partie sur la première puisqu'elle s'étend de la ligne 8 à la ligne 15, la répétition tout à la fois se dilue et se généralise. Tout en continuant à privilégier le couplage des lignes (8-9, 11-12, 14-15), les correspondances ne sont plus déterminées par les emplacements d'un son unique qui se répète, mais se fondent sur la redistribution et le refaçonnage d'un matériau plus ample: le groupe BR aux lignes 8 et 9, les voyelles E, I, O et la consonne L aux lignes 11 et 12, la prolifération de I jointe au groupe BL dans les lignes finales. Très prononcés dès le début de *Notre antéfixe*, ces parallélismes et répétitions internes deviennent de plus en plus massifs: la ligne 10 redouble «elle» et «peu»; la ligne 11 ne contient pas moins de quatre relatives auprès d'un même antécédent; quatre fois aussi, l'on repère la voyelle nasale AN à la ligne 13, qui comporte en outre le mot «ENcore» et la réduplication du segment «hoto», manifestement *auto*-représentatif du phénomène de la redite.

Un procédé et pourquoi

On ne le soulignera jamais assez: dans la perspective d'une articulation de la lecture et de l'écriture, il est important que le processus d'apprentissage demeure simple[19]. A

---

(19) Pour plus de détails, voir Jan Baetens, «Littérature et engagement», in *Cahiers marxistes*, n° 194, 1994, p. 147-177.

supposer un entraînement trop intensif, le passage à l'acte risque, sinon d'être différé interminablement, du moins de perdre beaucoup de son attrait et de rester le privilège de ceux qui y ont déjà accès. Bref, pour que la lecture d'une contrainte puisse déboucher sur une activité d'écriture, il faut que la lecturabilité de la règle s'allie à une certaine simplicité.

Notre antéfixe, et les *Dépôts de savoir & de technique* en général, constituent sous cet angle une incontestable réussite. La rupture avec l'idéologie de l'expression y est si franche que même ceux qui n'ont «rien à dire» pourraient trouver dans ces travaux un instrument d'écriture d'une rentabilité inouïe.

Est-ce à dire que le cadrage inventé par Denis Roche s'assimile à une sorte de panacée pour écrivains brouillés avec le souffle de l'inspiration? La méticulosité, outrancière a-t-on peut-être jugé, de l'analyse défendue pourrait infliger, aux yeux de certains, un cruel démenti à cette interprétation idyllique. En réalité, le patient déchiffrement de *Notre antéfixe* reflète moins l'une ou l'autre déviation «élitiste» du projet de Roche, qu'elle ne traduit la mutation du procédé en texte, avec ce qu'elle implique de tressages surajoutés.

Il ne suffit point, en effet, d'appliquer mécaniquement une contrainte, toute prometteuse qu'elle soit, pour mettre en place des structures textuelles. Encore faut-il que cette règle, surtout si elle ne gère qu'un petit nombre de paramètres, comme c'est le cas ici, se mesure avec l'ensemble des dimensions de l'œuvre. Dans *Notre antéfixe*, c'est essentiellement la recherche d'effets de composition et de sens selon des voies spatiales qui réalise le dépassement du mécanicisme. Telles quelles, cependant, les diverses séquences réunies dans *Dépôts de savoir & de technique* ne manquent pas de soulever plusieurs problèmes, qui prolongent en partie les interrogations formulées au sujet de *Don Evané Marquy*.

Une première difficulté tient sans aucun doute à la *longueur* des «dépôts». Si le (court) poème de Raymond Queneau frappait d'abord par le décalage entre le grand nombre de vers réalisables et le peu de vers finalement actualisés, un texte assez long comme *Notre antéfixe* ne peut plus être défini par rapport à aucun plafond, la procédure choisie étant susceptible, justement, de se répéter à l'infini. C'est dire que, plus encore que chez Queneau, la clôture du texte devra être soigneusement motivée. Elle l'est ici de manière forte, mais non sans contradiction. Que *Notre antéfixe* s'arrête *là où il s'arrête* n'est pas illogique: l'accumulation de lignes répétées, puis le rapprochement des thèmes majeurs et enfin la mise en exergue de la contraction par le choix d'une scène érotisée, élaborent un formidable climax[20] après lequel la tension n'aurait pu qu'aller décroissant. Pour d'évidentes raisons rhétoriques, Roche s'interrompt *au bon moment*. Que le texte *s'arrête* est toutefois plus difficile à cerner, au moins sur le plan théorique, lequel prévoit l'expansion infinie du geste cadreur. Une nouvelle écriture du procédé devra nécessairement prendre position par rapport à ce dilemme.

Pour curieuse qu'elle paraisse, la seconde difficulté de la technique mise au point résulte de la force avec laquelle elle se trouve appliquée. L'exploit est tel que d'autres réalisations semblent d'avance condamnées à la redite plus ou moins pure et plus ou moins simple, c'est-à-dire à l'insignifiance plus ou moins. Alors qu'il est possible de le «copier» à loisir, *Dépôts de savoir & de technique* est un ouvrage qu'il n'est intéressant de récrire qu'à condition d'en bouleverser

---

(20) Jean Marie Gleize en donne un excellent aperçu dans *Poésie et figuration*, o.c.

radicalement l'économie. Le procédé rochien appartient surtout à ceux qui en recherchent la destruction. Qu'une écriture en apparence aussi dure, aussi monolithique que celle de Denis Roche dans *Dépôts de savoir & de technique* puisse déboucher sur une leçon à ce point déroutante, n'est pas la moindre des surprises que l'activité textuelle réserve à qui s'y livre véritablement.

BELLE ET FIDÈLE:
FRAGMENTS DE DÉSERTS ET DE CULTURE

Une imitation bien contenue

Dans un numéro spécial de la revue *Traverses* consacré au «désert»[1], Georges Perec a fait paraître en 1980 une variation sur le procédé des *Dépôts de savoir & de technique.* Cette récriture est passionnante en ce qu'elle réussit à être d'une conformité scrupuleuse à la lettre du mécanisme, tout en l'utilisant dans un esprit on ne peut plus différent. Comme on l'a expliqué à la fin du chapitre précédent, *Fragments de déserts et de culture* est ainsi la suite la plus fidèle qui puisse être donnée à *Notre antéfixe.* Programmant sa propre trahison, l'œuvre de Denis Roche engendre un texte qui fait l'inverse de la tentative de décomposition recherchée tout au long des *Dépôts de savoir & de technique.* En même temps, cette «copie» de Roche par Perec révèle déjà les problèmes fondamentaux des poèmes à contrainte de l'auteur d'*Alphabets*[2], qui se verront passés au crible dans les deux chapitres suivants.

Soulignée dès le titre, réitérée par la dédicace — «à Denis Roche» —, la relation avec l'esthétique de *Notre antéfixe* est pourtant mise en question avant la première ligne de l'œuvre proprement dite. L'intitulé, en effet, contient un triple écart vis-à-vis du modèle rochien: le signe abréviatif (&), plutôt inhabituel à l'intérieur d'un titre contemporain, est d'abord rectifié par la conjonction «et»; les génitifs

[1] *Traverses*, n° 19, «Le désert», 1980.
[2] Georges Perec, *Alphabets*, Paris, Galilée, 1985.

objectifs, ensuite, sont alternativement au pluriel et au singulier; les deux termes, enfin, ne se trouvent pas au même niveau de généralité, le mot «déserts» formulant d'emblée ce que les *Dépôts de savoir & de technique* proscrivent vigoureusement: l'énonciation d'un contenu thématique.

Dès la première ligne du texte, les différences deviennent plus flagrantes encore. Nonobstant la minuscule, l'ouverture ne semble pas vraiment commencer au milieu d'un mot ou d'une phrase; à l'autre extrémité, elle est l'objet d'un spectaculaire enjambement:

(1) la sinistre couleur pourpre de cette nuée sombre et menaçante

(2) a été attestée par des fugitifs attardés qui ont pu voir avan

Inscrite au seuil de l'œuvre, cette récusation absolue des coupures rochiennes se trouve rapidement confirmée à d'autres niveaux. C'est ainsi qu'à la différence de *Notre antéfixe*, le texte de Perec renonce au caractère infiniment répétable de la contrainte de base. *Fragments de déserts et de culture* est non seulement un texte plus court (même s'il compte encore 149 lignes), c'est aussi une œuvre bien délimitée qui marque ses limites et commente son arrêt. D'une part, en effet, début et fin se rencontrent par le retour de l'enjambement, qu'ignoreront toutes les autres lignes du poème. A l'instar des deux premières unités du texte, les deux dernières forment un tout formel et sémantique. Elles sont même d'autant plus libres de toute solution de continuité que le terme soumis à la coupure en fin de ligne exhibe avec force l'interruption qui n'a pas lieu[3]:

[3] Pour une lecture circonstanciée des valeurs emblématiques de cette conclusion, on se reportera utilement à l'article de Bernard Magné «Métatextuel et antitexte», in *Cahiers de narratologie* n° 1 (*Texte & antitexte*, colloque de Nice, 15 et 16 décembre 1985), s.d., p.151-159.

(148) bout et pas de détail: c'est uniforme, sans accidents, sans f
(149) aille, comme le blanc de la page avant qu'on ne
commence à éc

D'autre part, la clôture du texte n'est pas immotivée du tout. C'est parce qu'il se replie sur son début, tant par la voyante reprise de l'enjambement que par la thématisation explicite d'une amorce scripturale, que *Fragments de déserts et de culture* justifie sa coupure finale. C'est parce qu'il se termine par une phrase inachevée — contrairement d'ailleurs à ce que proposait *Notre antéfixe* — qu'il permet de faire admettre l'éventuelle présence, non écrite, d'une ligne supplémentaire dont le nombre, 150, sans être symbolique, est suffisamment général pour constituer une limite supérieure compréhensible. Pour les lecteurs familiers de Georges Perec, ce «trou» dans la structure globale pourrait très bien être comparée, par exemple, avec le saut, dans les 100 chapitres prévus de *La Vie mode d'emploi*, de la position n° 66[4].

Couper = coller

Pour évidente qu'elle soit sur le plan quantitatif, la singularité du remake perecquien se fait plus nette encore si l'on regarde de plus près le «passage à la ligne». Dans les deux cas analysés, c'est le même contrat de fracture qui semble respecté. Très vite pourtant, il apparaît que le travail de Perec est aux antipodes de l'effet de hiatus systématique poursuivi par Denis Roche.

---

(4) Sur ce «roman(s)» paru en 1978 aux éditions P.O.L, l'auteur lui-même s'est expliqué à de multiples reprises. Bernard Magné a commenté le problème de ce saut de chapitre dans son étude «*La Vie mode d'emploi*: texte oulipien?», in *Perecollages* (Toulouse, P.U.T., 1989, p. 153-164).

La plus marquée, la plus soutenue des divergences réside sans doute aucun dans l'élection d'un thème unique, clairement énoncé dès le titre de la séquence. Là où Denis Roche effectuait ses recherches citationnelles dans les sources les plus variées, à condition qu'elles fassent partie de la «sphère» du bénéficiaire de l'antéfixe, Georges Perec adopte une position résolument centripète. Tout en puisant, lui aussi, à un pluriel de documents, il s'efforce de limiter au maximum l'éparpillement qu'entraîne le procédé: chacune des lignes évoque, sans ambiguïté possible, le champ sémantique du désert.

L'homogénéité tranquille que dégage la composition provient-elle seulement de ce crible englobant? Deux autres considérations corroborent l'action fédératrice qui émane de ce filtrage thématique. Toutes les deux fourniront de plus une occasion de mieux creuser l'écart avec les «dépôts» de Roche.

D'abord, les écrits utilisés par *Fragments de déserts et de culture* appartiennent tous au domaine public, dans l'acception large du terme, tandis que Roche privilégie la dimension privée de sa démarche. Si les portraits rassemblés dans *Dépôts de savoir & de technique* donnent plus d'une fois l'impression de pénétrer dans l'intimité la plus stricte de leur modèle, Perec a compilé des sources comme la Bible, les recueils de citations, les encyclopédies ou les dictionnaires, bref des documents *consultables par le lecteur* (ce dernier devra d'ailleurs s'y reporter afin de pouvoir faire une lecture correcte du texte perecquien). Le nombre relativement réduit d'écrits mis à contribution, puis une certaine analogie de style, partout fort soutenue, accordent au texte de Perec une cohésion d'écriture presque immédiate.

Il convient d'y ajouter que les phrases de *Fragments du désert et de culture* sont poursuivies au-delà de la coupure que leur inflige la contrainte numérique des 61 signes-espaces.

Certes, chez Roche aussi la solution de continuité d'une ligne à l'autre n'est pas absolue, mais ici la reprise devient une caractéristique fondamentale du texte qui va jusqu'à fracasser la règle initiale dictée par *Dépôts de savoir & de technique*.

Dans *Notre antéfixe*, certaines lignes sont répétées telles quelles et vers la fin, dans la stratégie de clôture rhétorique déjà examinée, il survient même des chevauchements. Dans le cas de Perec, toutefois, les lignes ne se redisent ni ne se téléscopent, mais *continuent* au-delà de leurs interruptions, comme dans la chaîne que voici:

(4) toute l'assemblée des Enfants d'Israël arrive au départ de Sî

(14) n qui est entre Elim et le Sinaï (Ex., 16, 1). Ode-Symphonie en

(28) 3 parties, paroles d'Auguste Colin, musique de Félicien David

(53) *créé* le 8 12 1844 au Conservatoire (les débuts de l'*exotisme*

(69) en musique. Principales pages: Allah, Allah (premier chœur)

La reconstitution de ce groupe de phrases s'appuie sur trois opérations imbriquées, mais de nature et de statut différents: d'abord la reconnaissance d'une *continuité formelle et sémantique* entre lignes disjointes (dans le cas présent, la rapide apparition d'une «adresse bibliographique» (Ex., 16, 1) permet aisément d'examiner le lien entre les lignes 4 et 14; les diverses occurrences du thème musical autorisent le regroupement des lignes suivantes, même si au début de la ligne 53 on s'attend à trouver une virgule et qu'entre cette ligne et sa poursuite semble manquer un adjectif comme «oriental»; quant à la transition de la Bible à l'histoire de la musique, elle pourrait s'appuyer sur l'activité, de part et d'autre, du nom *David*); ensuite la *véri-fication intertextuelle* (une rapide consultation de la Bible permettra d'étayer le passage de la ligne 4 à la ligne 14; les doutes concernant les relations entre les lignes suivantes sont dissipés par l'identification, par exemple à l'aide du Petit Robert 2, de la pièce de David: il s'agit, n'est-ce pas, du *Désert*[5]); enfin la mise au jour de *certaines régularités au niveau de la distribution des fragments non contigus* (la reprise ne se fait en général ni à proximité absolue, ni à très grande distance). La combinaison systématique de ces trois consignes, qui exige du lecteur une patience fort active, montre assez comment alternent les lignes, comment les phrases se répartissent dans le texte.

Cette résistance de la *phrase* à la coupure qu'exerce la *ligne* bouleverse complètement la contrainte des *Dépôts de savoir & de technique*. Telle que Perec la reconvertit, la règle de base va même jusqu'à inverser les rôles de l'achevé et de l'inachevé. Dans *Fragments de déserts et de culture*, c'est la suspension de la phrase en fin de ligne qui permet juste-ment d'en poursuivre la lecture ailleurs. S'il est possible de raccorder les deux bouts d'une phrase disséminée, pareil prolongement ne peut pas être donné lorsque fin de phrase et fin de ligne coïncident: le point est alors vraiment final, là où les arrêts en pleine phrase et en plein mot sont gages de résurgence.

On le comprend: pour que cette redéfinition des valeurs puisse vraiment fonctionner, il a fallu que Perec pousse plus loin encore la dissociation de la ligne et de la phrase. En l'occurrence il le fait en combinant parfois à l'intérieur d'une ligne deux phrases venues d'horizons très divers. Dans quelques cas, les énoncés qui se terminent avant le 61e signe-espace ne sont en effet pas suivis de la proposition

---

[5] Le Robert fait cependant dater la pièce de 1854.

qui leur succède dans la publication dont ils sont extraits, mais se voient relayés par une phrase au contenu tout différent:

> (67)   1410 h.). Alors David se leva et descendit au désert de Pâran
> (143)   ue j'aime (Delille). Elle se traduit souvent par une sédentar

Témoignant de cette bifurcation interne, ce type de lignes éclairent les difficultés de *poursuivre* les phrases achevées en fin de ligne. Les possibilités étant légion, en choisir une devient presque impossible. Bref, Perec réussit à transformer la contrainte des *Dépôts de savoir & de technique* de manière telle que l'instrument de rupture fait office de trait d'union et que la complétude d'un énoncé lui enlève toute chance d'être matériellement développée.

De la ligne à l'œuvre

La métamorphose de la contrainte amène le lecteur à rechercher de nouveaux axes de lecture, notamment au niveau de la composition d'ensemble du texte. Là où *Notre antéfixe* impose l'implacable développement linéaire, chaque ligne chassant la précédente, le tressage de *Fragments de déserts et de culture* oblige à considérer l'œuvre comme un véritable tout[6]. Un passage clé à cet égard est constitué par les lignes 19-20, en bas de la première des quatre pages sur lesquelles la séquence est répartie:

> (18)   commune du département de Saône-et-Loire, arrondissement de C
> (19)   'est uniforme, sans accidents, sans failles, sans solution de

(6) Le rôle des illustrations sera analysé au chapitre VI.

Deux phénomènes rendent cette transition très remarquable. Premièrement on retrouve un certain rappel de l'enjambement exhibé au début. Interdite au niveau du sens et de la ponctuation, l'unification des lignes 18 et 19 s'opère quand même sous la pression de ce qu'on lit: une évocation, ironique en fin de ligne, de l'absence de toute cassure. En second lieu ce retour partiel se double de la préfiguration, incomplète elle aussi, du morceau final. La superposition avec le distique terminal est claire à ce propos (les parties communes sont soulignées):

> (148) bout et pas de détail: c'*est uniforme, sans accidents, sans f*
>
> (149) *aille,* comme le blanc de la page avant qu'on ne commence à éc

Or, la symétrie présumée n'est guère parfaite, le mot «faille» passant du pluriel au singulier, et ce léger écart est utilisé par Georges Perec pour accomplir une fois de plus, au second degré, l'inversion de l'achevé et de l'inachevé, étendue ici à hauteur de la totalité du texte. La différence entre les deux versions permet en effet de voir dans la dernière ligne de *Fragments de déserts et de culture* non pas la *suite* de l'avant-dernière (*«sans f/ailles (...)»), mais l'amorce, coupée à gauche, d'une phrase nouvelle.

Qu'une fracture s'établisse *en dépit de l'enjambement,* ou en même temps qu'elle, compromet inévitablement les liaisons opérées ailleurs dans le texte. Loin de se terminer par un feu d'artifice, le dispatching des morceaux choisis se voit porteur d'une queue envenimant pas mal de ses articulations. De manière plus radicale, cette découverte tardive donne à l'interprétation des liens entre lignes et phrases un tour inattendu. Ce qui s'installe dès lors, c'est un système à trois étages que l'on dévoile progressivement. Dans le modèle de Roche, la ligne domine nettement la phrase, arrêtée d'office au bout de 61 signes-espaces. Dialoguant avec ce système, *Fragments de déserts et de culture* contourne d'abord cette domination en poursuivant certaines phrases au-delà des lignes qui semblent les mutiler, puis l'inverse carrément en associant aux phrases achevées en fin de ligne la notion de coupure, d'un côté, et aux phrases interrompues l'idée de continuation, de l'autre. Tout à la fin, cependant, la fiabilité de ces rapprochements translinéaires se voit mise en question — certes implicitement, mais selon des voies construites par le texte lui-même —, de sorte qu'on assiste à une revanche *in terminis* de la ligne sur la phrase, incapable d'installer une hégémonie définitive sur les censures de la ligne graduée. Si léger que soit le doute introduit par le non-enjambement des lignes 148-149, il n'en reste pas moins qu'il met une sourdine aux enjambements translinéaires effectués par ailleurs.

Les particularités de cette clausule bouleversent aussi la structure d'ensemble du texte de Perec. Si la fin de l'œuvre est aussi le possible début d'une nouvelle série dont seule s'est écrite la première ligne, la conclusion actuelle de *Fragments de déserts et de culture*, sa 149e ligne donc, cesse d'être le commentaire ironique de son propre achèvement pour acquérir une valeur beaucoup plus littérale. Cet appendice devient le préambule d'un texte à compléter par le lecteur.

L'intérêt de cette structure en spirale, la terminaison du texte ne revenant à l'ouverture que pour mieux s'en éloigner, encourage le lecteur à chercher de nouvelles règles de montage. Ses efforts, toutefois, risquent de demeurer bien mal rémunérés.

Sans se faire dans le chaos, la distribution des segments phrastiques n'obtempère pas à des régularités bien voyantes: le schéma que le lecteur peut constituer demeure un ensemble relativement aléatoire. Qui plus est, certaines relations microscopiques d'une ligne à l'autre ne font guère l'objet d'un travail de relance. Aux lignes 35-36, par exemple, la proximité graphique et visuelle des termes «Ammah» et «Almanach» n'est pas mise en rapport avec l'aspect numérique de la contrainte: si l'analogie des positions des lettres à l'intérieur de la ligne avait été d'une plus grande précision, on aurait pu formuler l'hypothèse — quitte à la voir démentie par la suite — que le cadrage des citations est déterminé par un schéma formel sous-jacent. S'obstine-t-on quand même qu'il faut vite déchanter, car faute de lien significatif, cette piste doit être écartée. De la même manière, il est également impossible d'induire un rapport stable entre un facteur aussi éclatant que les nombres identifiant les versets bibliques reproduits à intervalles plus ou moins réguliers et leur lieu d'apparition dans le texte[7].

L'écriture permise par *Fragments de déserts et de culture* est donc à la fois réelle et avortée. Elle est indiscutable dans la mesure où ce texte se prête uniquement à une lecture plume en main. Cette activation du lecteur s'enlise toutefois assez rapidement, le texte de Perec arrêtant de guider les recherches du déchiffreur. En l'absence d'un matériau suffisamment lecturable, la tentation sera grande de lire et d'écrire ailleurs. Dans le chapitre suivant, il apparaîtra que ce problème se place au cœur de tout le travail poétique de l'écrivain.

[7] En voici, mis en colonne, le détail:

16,1	ligne 14
16,7	ligne 73
19,15	ligne 81
15, 22	ligne 86
23,14	ligne 88
2, 24	ligne 100
23, 24	ligne 109
20, 20	ligne 109
12,16	ligne 115
31, 21	ligne 124

GEORGES PEREC EN SÉRIE B:
ALPHABETS

Jusqu'à épuisement du stock

Dans les œuvres examinées jusqu'ici, la règle s'appliquait à un champ très limité (une ligne chez Perec et Roche, un vers chez Queneau), mais aussi extrêmement vaste (dans ce dernier cas), voire théoriquement interminable (dans les premiers). Pareille explosion quantitative de la contrainte jouit pourtant d'un statut des plus ambigus. D'une part, elle est inéluctable: sous peine d'insignifiance, l'exécution de la règle se doit de multiplier ses occurrences. Seule l'accumulation des vers permet à *Don Evané Marquy* de dépasser la traditionnelle pseudonymie par anagramme; rien d'autre que l'empilement des lignes rend efficaces les solutions de continuité que travaillent, selon des stratégies du reste antinomiques, *Notre antéfixe* et *Fragments de désert et de culture*. D'autre part, toutefois, il semble bien irréaliste de vouloir actualiser l'ensemble des vers ou lignes réalisables. Pour Raymond Queneau, une telle performance aurait exposé le programme du poème aux pièges du mécanicisme. Pour les textes de Georges Perec et Denis Roche, étirables à l'infini, la tension ne pourrait qu'aller décroissant, voire être en chute libre. L'on constate d'ailleurs, des *Cent mille milliards de poèmes* aux combinatoires imaginées par Jean-Claude Lebensztejn[1], une préférence très nette pour les solutions *virtuelles*, chaque fois que le nombre de variantes

---

[1] *La fourche*, Paris, Gallimard, 1972, p. 51 sq.

réalisables s'élève un rien outre mesure (les 400 spécimens d'*Ulcérations*[2], constitueraient-ils un record?).

S'il s'avère donc indispensable, face aux vertus productrices des contraintes utilisées, de mettre un frein plus ou moins rude, chacune des œuvres interrompues se verra aussi dans l'obligation, à moins de pâtir d'un gros afflux d'arbitraire, de motiver sa coupure finale. *Don Evané Marquy* et *Notre antéfixe* la justifient en faisant culminer à la fin du texte les effets narratifs soigneusement jalonnés en amont. *Fragments de déserts et de culture* fixe, pour aussitôt en défalquer une unité, un nombre symbolique, pour consolider ensuite les 149 lignes retenues en intervenant sur leurs points stratégiques.

Au contraire de ces textes, *Alphabets*[3] propose un système de variantes dont nul élément ne reste dérobé[4]. Comme l'indique la quatrième de couverture:

> Chacun des cent-soixante seize textes de ce recueil est un onzain, un poème de onze vers, dont chaque vers a onze lettres. Chaque vers utilise une même série de lettres différentes, quelque chose comme une gamme, dont les permutations produiront le poème selon un principe analogue à celui de la musique sérielle: on ne peut répéter une lettre avant d'avoir épuisé la série. Tous les poèmes ont en commun les dix lettres les plus fréquentes de l'alphabet français: E, S, A, R, T, U, L, I, N, O. La onzième lettre est l'une des seize lettres restantes: B, C, D, F, G, H, J, K, M, P, Q, V, W, X, Y, Z. Il y a onze poèmes en b, onze poèmes en c, etc..., soit au total onze

---

(2) Ce recueil de Georges Perec a été publié dans le premier numéro de la *Bibliothèque oulipienne*, en 1974. Il a été repris dans le volume *La clôture et autres poèmes*, Paris, Hachette-P.O.L, 1980.

(3) Paris, Galilée, 1985.

(4) Pour situer ce texte dans les textes à combinatoire de l'auteur, voir Bernard Magné, «Perécritures», in *La réécriture* (ouvrage collectif), Grenoble, Céditel, 1990, p. 67-96.

alphabets complets, c'est-à-dire 16 × 11 = cent soixante seize poèmes. La présentation typographique des textes visualise cette contrainte en donnant de chaque poème deux dispositions différentes: l'une est ordonnée en un carré de onze lettres sur onze, l'autre est libre et propose une sorte de traduction en prose du poème.

Pareille exhaustivité enlève-t-elle le souci d'un agencement particulier des morceaux? L'œuvre peut-elle se contenter de décliner, du premier au dernier, la liste de ses fragments? L'exemple d'*Alphabets*, qui complique l'alignement, montre qu'il n'en est rien.

Deux arguments semblent ici avoir poussé l'auteur à bouleverser un peu l'ordre et à diversifier la mise en page des 176 poèmes autorisés par la contrainte. Le premier, dont il sera plus longuement question dans le chapitre suivant, tient au poids du livre, dont les usages traditionnels restaurent l'approche monovectorisée du texte que l'hétérogramme ne pouvait que récuser: l'effort pour contrecarrer ce que le livre aurait de trop linéaire amène Perec à modifier le parcours initial. Plus important peut-être, plus intime en tous cas, est le souhait d'éviter la lecture «formaliste» d'un travail ouvert à d'autres appréciations:

(...) je ferai un reproche à *La Disparition*: c'est trop systématique. L'artifice formel sur lequel se fonde le livre, la disparition du «e», permet de raconter l'histoire mais est frustrant par rapport au bon lecteur. On peut toujours dire: «Oui, c'est un livre sans «e»»; «Ah bon, c'est une farce.»
Le lecteur peut avoir l'impression qu'on se joue plus de lui qu'on ne joue avec lui. C'est l'une des raisons pour lesquelles *La vie mode d'emploi* se fonde sur des systèmes de contrainte qui sont encore plus difficiles que dans *La disparition*, mais on ne les voit pas.
J'ai pris soin (enfin, si on commence à les chercher, on peut en trouver deux ou trois) de les masquer alors que dans *La Disparition* le procédé était affiché et ça créait, d'une certaine

manière, une barrière. J'ai ce sentiment plus net encore avec *Alphabets*.

Dans *Alphabets*, les lecteurs n'ont pratiquement jamais lu les poèmes comme des poèmes, comme des comptines, mais comme des exploits et ça c'est très gênant.[5]

A ce niveau, cependant, apparaît un paradoxe dont l'œuvre de Georges Perec, pour de larges pans, semble pour ainsi dire contaminée. Afin d'amoindrir les effets mécanicistes et dépoétisants d'un certain type d'écriture à contrainte, souvent très dure, l'auteur d'*Alphabets* — mais aussi de bien d'autres volumes — a recours à deux procédés antagonistes. D'un côté, l'on décèle un relâchement de la règle, voire, dans l'hypothèse la plus forte, son abolition pure et simple: dans *Alphabets*, les transpositions en prose des onzains *perdent* les régularités formelles des «exploits», libérant du même coup le plaisir du lecteur, notamment[6]. De l'autre côté, l'on repère non moins tout un système hypersophistiqué de contraintes supplémentaires destinées à camoufler une présentation inaugurale suspectée, à raison, de platitude. Que ces mesures contradictoires, ici la *surcontrainte* et là l'*anticontrainte* ou clinamen[7], ne puissent faire bon ménage, n'est pas seulement une vérité de la Palice: c'est le drame même de l'écriture à contrainte de Georges Perec, dont les excès et les défaillances mêlés entraînent de gravers perturbations à hauteur de la *lecturabilité* du texte.

(5) «En dialogue avec l'époque. Patrice Fardeau s'entretient avec Georges Perec», in *France Nouvelle*, 16 avril 1979, n° 1744, p. 48.

(6) Sur les autres virtualités de cette disposition bicéphale, voir les analyses de Mireille Ribière, «Coup d'L», in *Littératures* n° 7, 1983, p. 49-60, et «Alphabets», in *Cahiers Georges Perec*, n° 1 (colloque de Cerisy), 1985, p. 134-145.

(7) On suit ici la terminologie utilisée dans l'entretien d'Ewa Pawlilowska avec Georges Perec, in *Littératures* n° 7, o.c., p. 70.

Un dispositif hybride

A qui feuillette le volume d'*Alphabets*, la mise en page des onzains et de leurs traductions en prose peut paraître bizarre, tant il est difficile de reconnaître quelque système gouvernant les sauts des couples sur les feuillets. Parallèlement, la redisposition des seize séries en autant de chapitres du livre, chaque section étant précédée de la lettre («une des seize lettres restantes», de b à z) qui leur sert d'intertitre, laisse un peu perplexe: à l'intérieur de toutes ces parties on découvre en effet un mélange d'unités provenant de plusieurs séries «pures» d'origine (des seize poèmes en b jusqu'aux seize poèmes en z). De la même façon, la curiosité du lecteur a quelque chance de se muer en ébahissement devant une théorie de caprices relatifs à l'inclusion, facultative et désordonnée, croit-on, d'éléments comme l'achevé de rédaction ou les illustrations, tantôt en couleur et tantôt en noir et blanc, de Dado[8]. Pour agréable à l'œil que reste ce chatoiement, pareille bigarrure déconcerte nécessairement l'amateur de structures. Se laisse-t-il cependant persuader d'être confronté à une œuvre où rigueur et laisser-aller, liberté et contrainte, scrupule et nonchalance, s'entrechoquent et se tiennent en équilibre? Si la recherche, en ce stade, ne doit rien moins que se décourager, c'est d'abord parce qu'on sait Perec peu enclin aux délices de l'improvisation; c'est ensuite parce qu'il est impératif de souligner, comme le fait Mireille Ribière dans son analyse de ces poèmes[9], le geste assez exceptionnel qui pousse l'auteur à dévoiler son jeu au seuil même de son livre. Puisqu'au niveau de la *rédaction* des textes Perec n'a pas voulu que soit ignorée la règle de fabrication, il est au moins permis de se

---

(8) Les dessins de Dado se verront analysés plus en détail dans le chapitre suivant.

(9) Cf. «Alphabets», art. cité.

demander si l'écrivain n'invite pas à poursuivre un tel déchiffrement à hauteur de la *disposition* de l'ensemble.

A prolonger l'enquête, il se révèle alors — dans des conditions qu'il faudra spécifier — que dans deux domaines essentiels, la distribution des carrés et des poèmes en prose, d'une part, l'agencement des chapitres, d'autre part, des règles supplémentaires sont effectivement à l'œuvre. Ailleurs, *Alphabets* garde jalousement ses secrets.

Pour ce qui est de la première des surcontraintes, qui produit la relation paginale des variantes, c'est le principe de la *onzine* qui finit par se dégager. Peu connue en dehors du cercle oulipien, cette figure mérite d'être circonscrite en détail. Jacques Roubaud définit la onzine ou *quenine de onze* comme une «permutation en spirale» et la formalise comme suit:

> La forme de la quenine est une généralisation, due à Raymond Queneau, de la sextine, inventée par le troubadour Arnault Daniel et illustrée, entre autres, par Dante, Pétrarque, Camoëns, Pound et Zukofsky.
>
> Une sextine est un poème de six strophes. Chaque strophe a six vers. Les mots qui terminent les vers de la première strophe sont repris dans les autres strophes mais dans un ordre différent. Si 1 2 3 4 5 6 est l'ordre des mots-rimes à la première strophe, ils se retrouvent, à la seconde strophe, dans l'ordre 6 1 5 2 4 3.
>
> Une *quenine de n* est un poème de n strophes où chaque strophe a n vers terminés par les mêmes mots-rimes qui se déplacent selon la permutation suivante (généralisation de celle de la sextine):
>
> *un mot qui est à la place p, pour p⩽n/2 , vient à la place 2p et un mot qui est à la place p, pour p>n/2, vient à la place 2n+1-2p.*[10]

(10) Jacques Roubaud, in *Atlas de littérature potentielle*, Paris, Gallimard, coll. Idées, 1981, p. 243.

Dans la onzine, la permutation de la série 1, 2, 3, 4, 5, 6, 7, 8, 9, 10, 11 donne d'abord comme résultat 11, 1, 10, 2, 9, 3, 8, 4, 7, 5, 6, puis 6, 11, 5, 1, 7, 10, 4, 2, 8, 9, 3, et ainsi de suite jusqu'à 2, 4, 6, 8, 10, 11, 9, 7, 5, 3, 1. La mise en page d'*Alphabets* correspond à cette règle, à ceci près qu'après avoir énoncé la série de base, Perec passe à la dernière variation pour remonter la chaîne en sens inverse. La page étant divisée en quatre positions de base (angle supérieur gauche, angle supérieur droit, angle inférieur gauche, angle inférieur droit), il existe donc pour chacun des quatre lieux que le onzain peut occuper, trois autres postes ouverts à son double en prose. Le schéma que voici reproduit les 11 positions occupées par les poèmes en b, dont l'ordonnancement sera la base des manipulations ultérieures (les majuscules et minuscules renvoient respectivement au rectangle hétérogrammatique et à sa traduction en prose):

```
 1:  angle supérieur gauche + ANGLE INFERIEUR DROIT
 2:  ANGLE SUPERIEUR GAUCHE + angle supérieur droit
 3:  angle supérieur gauche + ANGLE INFERIEUR GAUCHE
 4:  ANGLE SUPERIEUR GAUCHE + angle inférieur droit
 5:  angle supérieur droit + ANGLE INFERIEUR DROIT
 6:  angle supérieur gauche + ANGLE SUPERIEUR DROIT
 7:  ANGLE INFERIEUR GAUCHE + angle inférieur droit
 8:  ANGLE SUPERIEUR GAUCHE + angle inférieur gauche
 9:  angle supérieur droit + ANGLE INFERIEUR GAUCHE
10:  angle inférieur gauche + ANGLE INFERIEUR DROIT
11:  ANGLE SUPERIEUR DROIT + angle inférieur gauche
```

Mais 4 × 3 faisant 12 et les séries ne comptant que 11 unités, la règle ne devient applicable que grâce à l'insertion, au début de chaque section, d'une manière d'intertitre qui, tout en annonçant laquelle des 16 lettres restantes va donner son nom à la partie subséquente, semble avoir pour tâche principale de bloquer une des 12 positions envisageables (en l'occurrence il s'agit du poste «ANGLE SUPÉRIEUR DROIT + angle inférieur droit»). Cette réserve faite, et sans tenir compte que les pages d'intertitre *inversent* les positions intérieure et inférieure (les minuscules se trouvent en haut, les majuscules en bas), la règle peut entrer en fonction.

S'agissant de la deuxième des surcontraintes, celle qui détermine l'ordonnancement des séries, c'est quelque grande *figure palindrome* qui se manifeste à l'attention. Au lieu de simplement se succéder, les seize sous-ensembles du livre se divisent en cinq types de séquences qui se télescopent, subissant toutes sortes de permutations qu'il n'est pas impossible de ramener au principe de l'inversion rétrograde. Pour la première catégorie de séquences, par exemple, qui comprend les sous-ensembles placés aux extrémités, à savoir les chapitres inaugural et terminal, les répétitions accomplies obtempèrent au schéma palindromique suivant[11]:

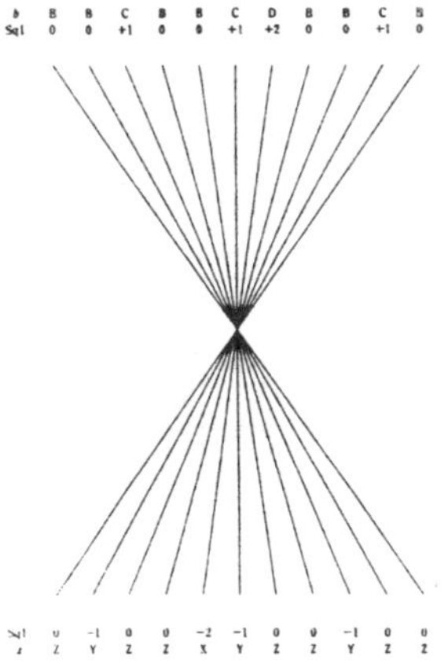

(11) Mireille Ribière, «Signé Perec», in *Parcours Perec* (colloque de Londres, mars 1988, textes réunis par Mireille Ribière), P.U. Lyon, 1990, p. 150.

La combinaison des cinq groupes de poèmes occasionne, quant à elle, l'avènement d'un palindrome de plus grande étendue encore[12]. Habilement visualisées par les dessins de Mireille Ribière, les répétitions rétrogrades d'*Alphabets* ne comptent guère parmi les réalisations canoniques du procédé. Sans évoquer le problème des bouleversements internes à chacune des séquences, le lecteur se voit soumis vers le milieu du livre à des perturbations excédant peut-être son flair et sa patience.

Voilà donc, en son déroutant mélange de clair et d'obscur, ce qu'offre *Alphabets* à qui s'acharne.

De l'effet de clinamen

Reste à déterminer ce que valent ces constructions. Sont-elles lecturables? Et quelle est leur pertinence par rapport à la règle hétérogrammatique de départ? Il est grand temps de l'avouer: sans l'aide de deux orfèvres en la matière, Mireille Ribière et Bernard Magné, le chasseur de structures aurait eu du mal à présenter une gibecière aussi fournie. Certes, les règles en question ne sont pas inédites chez Perec et on ferait preuve de mauvaise foi à les taxer de cryptogrammatiques. Toujours est-il que leur lecturabilité, et d'abord celle de la onzine, demeure quand même assez faible, vu que certains facteurs se liguent pour fermer la porte de l'œuvre au nez du lecteur bienveillant.

Force est de constater, en effet, que les contraintes mentionnées ne s'appliquent que de manière impure. Si l'activité du palindrome est indéniable, il n'est pas moins vrai que la structure en miroir comporte à la fois des exceptions, vers le

---

(12) Vu le grand nombre de ramifications dont ce palindrome s'enrichit dans *Alphabets*, on est ici obligé de renvoyer, tant pour les détails de la règle que pour une convaincante visualisation, à Mireille Ribière, «Signé Perec», art. cité.

milieu du volume, et des complications, tout au long du livre. De même, si le recours à la onzine n'est guère discutable, il est tout aussi patent que l'utilisation de cette contrainte soulève autant de questions qu'elle n'en résout. D'un côté, le choix de la onzine, correct au niveau des séries lues une à une, intrigue à hauteur d'une composition faite de seize parties. De l'autre, il est curieux qu'un système qui gère habituellement les rimes d'un texte, serve ici à diriger les métamorphoses paginales d'un groupe de douze éléments. Sans oublier, ici encore, des dérogations presque sauvages comme par exemple la venue de rectangles centrés ou imprimés en italiques.

Il ne peut toutefois suffire de constater un manque de lecturabilité. Encore importe-t-il de construire le mécanisme de tel brouillage. Dans le cas de Perec, le déficit ne provient nullement de quelque application maladroite du programme de départ, mais s'inscrit dans une des stratégies fondamentales de l'auteur, la pensée du clinamen:

> Il faut — et c'est important — détruire le système des contraintes. Il ne faut pas qu'il soit rigide, il faut qu'il y ait du jeu, comme on dit, que ça grince un peu; il ne faut pas que ce soit complètement cohérent; il faut un clinamen — c'est dans la théorie des atomes d'Epicure: «Le monde fonctionne parce que au départ il y a eu un déséquilibre». Selon Klee «le génie, c'est l'erreur dans le système».[13]

S'agissant d'*Alphabets*, il n'est pas absurde de penser que l'effacement de la onzine et du grand palindrome trahit la pénétration de l'anticontrainte dans le dispositif des surcontraintes. Cela est même logique: dans la mesure où la surcontrainte renchérit sur la contrainte, il est de rigueur que ce perfectionnement soit battu en brèche pour que

---

[13] «Entretien avec Ewa Pawlikowska», art. cité, p. 70.

l'œuvre puisse «exister» en tant qu'œuvre d'art. Mais cela est aussi contestable: l'on doit en effet se demander si le clinamen a réellement l'impact, un peu magique du reste, que lui accorde Perec. Le dérèglement d'une contrainte, a-t-il une force de rédemption, susceptible de racheter la sécheresse présumée de la contrainte bien tenue? Tout indique que le contraire est vrai.

En premier lieu, le clinamen introduit dans le texte un facteur d'incertitude qui, loin d'assouplir les règles qu'il affecte, en compromet la perception. Comme l'anticontrainte n'est jamais clairement localisée, ni définie quant à son envergure réelle, c'est la frontière même du requis et de l'aléatoire qui se voit effacée. La juxtaposition, voire la fusion du systématique et du déviant crée inévitablement de nuisibles interférences: le fonctionnement d'unités établies avec une certaine liberté jette un soupçon sur la réalité des contraintes ailleurs entr'aperçues, tandis que la puissance de ces mêmes règles force le lecteur à justifier coûte que coûte, sur le plan structural, ce qui témoigne d'un brin de hasard. Les règles cessant d'être «parfaites», le lecteur ne sait plus très bien comment évaluer les réalisations inachevées qui pullulent dans n'importe quel écrit, mais surtout dans l'écrit qui s'annonce comme novateur.

> Je crois que la difficulté des œuvres d'avant-garde, à quelque époque qu'elles appartiennent, vient souvent de ce que l'amateur, les abordant, consacre toute son activité de perception à y chercher coûte que coûte des choses qui n'y sont pas, ou qui n'y jouent qu'un rôle secondaire.[14]

Comment savoir en effet si l'on a ou non affaire à des embryons — ou des vestiges — de structures textuelles?

(14) Jean-Renaud Camus et Denis Duvert, *Eté*, Hachette/P.O.L, 1982, p. 219.

Difficile en elle-même, cette question devient inextricable avec le recours au clinamen. Telle que l'envisagent les travaux de Perec, la pratique de l'anticontrainte ne prend pas au sérieux les hésitations, légitimes pourtant, du lecteur non initié. Ce qu'elle révèle plutôt, c'est la prévalence d'un point de vue olympien où seul l'auteur sait comment la machine textuelle s'est mise en marche. La critique a donc raison de souligner que le clinamen, chez Perec, est détourné de sa fonction textuelle pour devenir une signature intégrée à l'œuvre, qu'il a pour mission d'attribuer à un auteur:

> Si l'on accepte (...), d'une part, que le dipositif de mise en ordre des poèmes s'apparente à une vaste structure palindrome, si l'on accepte (...), d'autre part, que le palindrome est une modalité de l'inversion, figure fondamentale de l'écriture perecquienne, si l'on rappelle, ensuite, que le clinamen en est aussi un fonctionnement caractéristique, une conclusion s'impose: le dispositif de mise en ordre des poèmes, palindrome objet d'un clinamen, est une manière de signature apposée en dernière instance. Or, la fonction même de toute signature n'est-elle pas précisément de clore?[15]

En deuxième lieu, et ce point est absolument fondamental, la pensée du clinamen est fondée sur une conception *idéelle* et *atomiste* de l'écriture par contrainte. Dans la pratique perecquienne, en effet, l'anticontrainte est un principe général qui frappe toutes les contraintes d'une œuvre donnée *prises isolément*. C'est une façon de délester, en cours de fabrication, ce que chacune des règles pourrait avoir, en sa perfection glacée, de trop stérile. Pour acceptable qu'elle puisse paraître, une telle méthode ignore un des traits les plus spécifiques de l'effort pour resserrer les mailles d'une structure textuelle, à savoir les parasitages qu'entraîne

---

[15] Mireille Ribière, «Signé Perec», art. cité, p. 154.

inéluctablement la mise en discours d'une règle, puis la combinaison d'un nombre croissant de règles. Dans cette perspective l'imperfection d'une consigne d'écriture n'est plus l'effet d'une injection de clinamen, mais la simple contrepartie de l'exécution du programme: la conversion des règles en œuvre, puis leur minutieux tressage suscitent partout des tremblements infimes qui suffisent *à eux seuls* à creuser un abîme entre la règle et son achèvement. La rectification de ces glissements, en même temps que l'évolution du programme sous l'influence des secousses partout entraînées, condamnent l'écriture à un labeur interminable qui demande, non pas une décrue, mais une augmentation des soins accordés au tracé sorti de la plume:

> (...) l'insuffisance texturale comporte deux catégories: celle des imperfections directes (...), quand le dispositif n'est pas assez formé (...); celle des faiblesses indirectes, advenues par contre-coup (...), quand la texture, bien établie en elle-même, suscite des effets cacotexturaux, vaste domaine qu'il sera nécessaire d'observer avec soin, non par simple souci d'exploration, mais en ce qu'il sera lors possible de saisir (...) le caractère interminable du procès d'écriture, ses éventualités de relance, ses provisoires impasses.[16]

Elaboré sous le signe du clinamen, le dérèglement des contraintes n'est donc pas impraticable (les livres de Perec en laissent des exemples souvent somptueux), mais il prouve que le rapport des contraintes et des surcontraintes privilégie d'abord la règle au détriment de sa réalisation, pour se faire ensuite en termes d'addition ou, plus exactement, de juxtaposition, et non pas de soudure ou de multiplication. C'est en pensant l'exécution comme une phase un rien

---

(16) Jean Ricardou, «Eléments de textique (V)», in *Conséquences 15-16*, 1991.

secondaire, c'est aussi en évitant l'intrication des règles que Perec peut conserver leur pureté originale et qu'il a ensuite besoin, au bout de l'opération, de les casser au moyen d'une dose d'anticontrainte. C'est en insistant sur l'écart entre la consigne et son produit et en frottant les règles les unes contre les autres que des problèmes d'un ordre différent surgissent et que le clinamen redevient ce qu'il est en fait: une hypothèse inutile.

Dans *Alphabets*, la juxtaposition des contraintes est évidente, de sorte que c'est le *pourquoi* même des règles qui mérite d'être mis en question. Certes, une contrainte ne doit pas être justifiée en soi, mais il importe d'examiner toujours en quoi elle permet d'augmenter la textualité de l'objet par ses soins transformé. La onzine comme le palindrome améliorent-ils le schéma linéaire original? Un certain doute n'est ici point inopportun.

Soit la règle qui assigne aux variantes leur position sur la page implicitement divisée en quatre rectangles égaux. En un sens, cette contrainte est indispensable, puisqu'elle lutte contre l'ordination arbitraire de la série-étalon en b. Comme 12! enchaînements différents eussent pu être sélectionnés, il importe évidemment de ne pas refaire pour les 15 séries subséquentes le même choix immotivé qui a fondé la disposition des unités en b. Mais tout en combattant le diffus, la onzine engendre des effets pervers. Si la série originale était aléatoire, les seize chapitres actualisés, qui mélangent des poèmes prélevés dans un pluriel de séries, ne sont plus vraiment des enchaînements réglés, du moins au niveau de la mise en page: nulle régularité ne peut être dégagée de la succession des poèmes dans le volume. Le manque de synergie apparaît ici très clairement: la règle de la permutation des séries perturbe complètement, au lieu de les renforcer, les lois de la disposition sur la page des unités d'un chapitre.

De la contrainte au genre

L'argumentation qui précède a sans doute les dehors d'un accablement du travail de Perec. Si tel, cependant, n'est pas le propos, c'est pour la bonne et simple raison qu'*Alphabets* accomplit finalement autre chose que le programme régi par l'esthétique du clinamen. Pour mieux s'en apercevoir, il est utile de retourner à la règle de base du volume, c'est-à-dire à l'hétérogramme et ses 176 variations.

Les troubles observés au niveau de l'organisation de la page et du volume peuvent en effet être lus différemment, non plus comme les indices d'une perturbation mécanique des surcontraintes, mais comme le symptôme de l'écart entre injonction textuelle et texte réalisé. L'opération qui consiste à mettre en pratique une règle d'écriture un peu élaborée n'est jamais neutre. L'exécution d'un stimulus révèle toujours des problèmes dont la solution nécessite le recours à des mesures non prévues à l'origine.

La contrainte oulipienne, à suivre les thèses de Jacques Roubaud[17], récuse telle différence inévitable mais productrice. La règle s'apparente à un théorème et le rapport qui la relie au texte en aval est analogue à celui que l'on sait exister entre la formule mathématique et la démonstration qui en fournit la preuve. L'autonomie du texte est donc relative et son importance statutairement secondaire.

Alphabets ne relève plus tout à fait d'une telle conception. Vu l'ampleur de l'exploit, vu aussi le projet affiché de fonder un genre nouveau — «susceptible de remplacer les vestiges rhétoriques encore en usage dans la plupart des productions poétiques modernes et contemporaines», lit-on en quatrième de couverture —, la règle en question finit par équivaloir, ou presque, à celle du sonnet ou du rondel, par

---

(17) «La mathématique dans la méthode de Raymond Queneau», in *Atlas de littérature potentielle*, o.c., p. 42-72.

exemple, simples «procédés» à l'origine, mais qui ont laissé d'être des contraintes — au sens oulipien du terme, précisons-le — au moment imprécis où ils se muaient en genres[18].

Le rapport entre la règle et l'œuvre excède donc, dans *Alphabets*, la relation oulipienne étroite unissant le théorème à sa preuve. Les poèmes de ce recueil accèdent à une certaine indépendance vis-à-vis de la règle qui leur a permis de naître. S'il est encore possible de parler de contrainte (oulipienne) au début, il n'en va plus de même à la fin du volume: *chemin faisant, le statut de la règle s'est altéré.*

De ce bouleversement la présentation bicéphale des poèmes constitue un premier indice. L'étirement en drapeau d'un bloc qu'on aurait dit infissurable signale déjà l'autonomie du résultat, qui se différencie de ce que la règle avait permis d'obtenir d'abord. Dans *Alphabets*, l'énonciation de la contrainte équivaut à sa rature: en confrontant le rectangle à contrainte visible à la composition «libre» qui en est dérivée, Perec montre comment la règle devient peu à peu *moyen* d'écriture, ce qui, dans une conception oulipienne «dure», aurait sans doute signifié la déchéance de la contrainte.

L'afflux ultérieur de permutations bariolées offre une seconde marque du changement de la contrainte. La présence de ces règles est l'aveu implicite qu'une dynamique nouvelle s'est développée, la mise en œuvre de la règle faisant naître un complexe travail de surréglages dont l'hétérogramme ne peut plus assurer la gestion.

Qu'enfin ces règles supplémentaires n'aient pas la transparence ni l'organicité souhaitables, révèle à quel degré l'élaboration du texte est irréductible à toute application mécanique de la contrainte qui peut sans doute lui servir de point de départ, mais en aucun cas de point de référence.

---

[18] Toujours selon Jacques Roubaud, cf. «La mathématique dans l'œuvre de Raymond Queneau», art. cité, p. 53 sq.

LA COUVERTURE D'*ALPHABETS* OU
LA CONTRAINTE RETROUVÉE

La mise en livre, un travail collectif

Le livre, aujourd'hui, a conscience d'être un objet. L'une des formes les plus saillantes de cette évolution est le dialogue, point nouveau mais fort en vogue, entre écrivains et artistes visuels[1]. Dans bien des cas, il arrive pourtant que la rencontre s'opère de façon plus insidieuse, l'éditeur confiant à un maquettiste le soin et la responsabilité de la mise en page comme des illustrations.

La prolifération actuelle de ces ouvrages croisés pose une série de problèmes dont le statut n'est pas toujours le même.

La question de l'*intention* de l'auteur, qui est sans doute la première à venir à l'esprit, n'a ainsi pas l'importance qu'on serait tenté d'y accorder. L'écrivain a-t-il pris l'initiative de la collaboration? A-t-il composé son œuvre en songeant aux images qui pourraient la compléter? A-t-il donné à l'illustrateur des consignes précises? N'est-il venu qu'après? Tenir compte de pareilles réflexions conduit, on le sait, vers plus d'une impasse infructueuse. Outre que la reconstitution d'une genèse n'est jamais exempte de multiples erreurs et tâtonnements, la focalisation sur ce point de vue risque de détourner le regard de l'hic et nunc d'une lecture vers les ailleurs de la biographie. C'est pourquoi on se limitera, dans ce chapitre, à deux œuvres et trois collaborations où l'auteur — en l'occurrence Georges Perec, pourtant familier de la collaboration

---

(1) Pour un aperçu, voir Anne Mœglin-Delcroix, *Livres d'artistes*, Paris, éd. Herscher/BPI Centre Pompidou, 1985.

entre artistes — ne semble pas avoir été en contact avec ceux qui ont jeté sur sa production une lumière parfois étonnante.

Si la question fondamentale demeure donc l'appréciation des liens effectifs entre les divers versants d'une œuvre, il convient d'y superposer le problème de l'accès difficile à certains de ces ouvrages. En raison du poids de l'édition bibliophilique traditionnelle, sans doute, le renouveau de ce qui s'appelle, sans excessive clarté, le *livre d'artiste*, n'est pas toujours sorti de certains cercles d'initiés. De façon générale, les éditions grand public de ces ouvrages perdent en effet tout ou partie de leur iconographie et de leur maquette d'origine. Comme le fait ressortir Mireille Ribière, de tels volumes forcent l'édition à sortir de quelques-unes de ses ornières:

> Elle sera bien inconfortable la position de celui qui aura à choisir entre la diffusion d'un travail dénaturé, et considérablement appauvri, à un large public et une publication qui, par son coût et sa nature, serait condamné à la confidentialité. On osera néanmoins espérer que ces œuvres originales suscitent des solutions originales.[2]

Le cas de Perec étant, une fois encore, exemplaire, on a jugé utile de se limiter essentiellement aux productions de cet auteur, tout en restant à l'intérieur de la sphère de l'édition «ordinaire», et ce pour des raisons moins *idéologiques* (on n'en veut pas aux heureux acheteurs des petits tirages) que *pratiques* (on souhaite que les lecteurs de ces pages, s'ils en ressentent l'envie, puissent refaire dans leurs propres volumes les analyses ici proposées).

De Roche à Perec

Fragments de déserts et de culture est accompagnée de trois photographies. Bien qu'il soit possible de poser la question

---

[2] «En parallèle: rencontre», art. cité.

de la paternité de ces images (est-ce Perec lui-même qui a pris soin de choisir ces documents? est-ce que ce sont au contraire les responsables de la revue qui, a posteriori, ont décidé de tel ou tel insert? faut-il songer à une forme de collaboration entre revue et auteur?), l'on commencera par s'intéresser plutôt, s'agissant d'une œuvre mimétique, au statut des images dans le modèle travaillé.

Dans les *Dépôts de savoir & de technique*, les illustrations sont à la fois présentes et absentes. Elles sont d'abord *manifestement laissées de côté*. Regroupés en volume, les dépôts et antéfixes écrits de novembre 1975 à juillet 1979 sont coupés des images qui escortaient souvent leur première apparition. Elles sont ensuite *brutalement visibles*, à l'intérieur de deux compositions où leur enchâssement troue le défilé uniforme des lignes.

Il n'est sans doute pas fortuit que les deux premières illustrations surgissent dans le dépôt dédié à Anne et Patrick Poirier, tellement les réalisations de ces artistes sont identifiées à un type de paysage, les antiques ruines reconstruites, dont ils ont fait leur image de marque (pour les autres dédicataires, de telles associations auraient été moins évidentes). Les illustrations ne surprennent donc pas en elles-mêmes, ni par leur sujet (il s'agit de vues anciennes de Rome), ni par leurs dimensions (la largeur est celle du pavé imprimé, la hauteur correspond à 7 lignes), ni enfin par leurs emplacements respectifs (l'illustration en belle page scinde l'écrit en deux parties égales, le haut de celle qui s'insère en fausse page touche le bas de la première). Mais plus on s'arrête sur la venue de ces images, et plus on se rend compte que leur fonctionnement est contraire aux règles de l'ouvrage où elles prennent place (elles corroborent en ce sens l'opposition partielle de l'écriture et de la photographie relevée dans *Notre antéfixe*). Une double divergence saute ici aux yeux. Premièrement, force est de constater qu'en évitant de trop «aplatir» l'image et d'en découper des lamelles d'une hauteur équivalant à celle d'*une* ligne, Roche parvient sans difficulté à concilier cadrage et plénitude de sens: même découpées dans une gravure plus large, les illustrations ne semblent pas, comme les lignes du volume, *inachevées*. Cadrage, ici, n'égale pas coupure. Deuxièmement, l'identité stylistique des deux dessins et l'inégalité de leur traitement de la distance (la vue, dans la deuxième illustration, est plus rapprochée que dans la première) amènent à voir dans une image une reproduction à 100% et dans l'autre un agrandissement. Praticable dans le domaine de l'image, qui n'est pas faite d'unités discrètes, une manipulation identique dans l'écrit — soit le prélèvement d'une partie sans changement de justification — aurait forcément conduit à des lignes présentant un nombre inférieur de caractères.

Bref, l'ouverture matérielle de *Dépôts de savoir & de technique* à l'image semble bien, dans un premier temps, avoir pour but de rehausser les opérations spécifiques se déroulant au niveau de l'écrit.

Intitulé «Je vous dois la vérité en littérature & je vous la dirai», le deuxième des dépôts illustrés — le dernier du volume — est un texte assez court dont le fonctionnement n'est pas sans rappeler celui d'une strette. A l'instar de cette figure musicale, les pages offrent une reprise en raccourci de certains principes et motifs élaborés d'un bout à l'autre du livre. Le poids des leitmotive, c'est-à-dire des lignes répétées, y est par exemple très grand. De la même façon il y a une insistance forte sur les thèmes fondamentaux, qui conduit sur le plan formel à un effet de sourdine: pour que le sens affleure plus vite, le passage d'une ligne à l'autre se fait nettement moins brusque qu'ailleurs. En plus ces feuilles sont, ligne après ligne, comme *Notre antéfixe*, pourvues d'un appareil critique situant les enjeux des choix partout opérés. L'incrustation de rangées d'hiéroglyphes et de fragments d'une partition trouve ainsi son explication: elle traduit le désir de voir se transformer le dépôt en *chant* et en écriture *purement visuelle*. Plutôt cependant que de mettre en lumière les particularités du langage écrit, ces écritures «parallèles» tendent à lui ravir la place qu'il monopolisait jusque-là et à faire coïncider la fin du livre avec l'extinction des signes verbaux. C'est presque à un constat d'insuffisance de la parole écrite, face à une plaque d'hiéroglyphes ou une portée musicale, qu'aboutissent ainsi *Dépôts de savoir & de technique*. Le saccage volontaire de la règle des 61 signes-espaces va sans doute dans un sens analogue (une ligne ne contient, centrés au milieu, que cinq mots; d'autres substituent aux caractères un trait continu plus ou moins long). L'autonomie certaine revendiquée de chacune des pages, au détriment de la composition d'ensemble ou du flot ininterrompu des lignes, est une autre coupure avec la méthode de travail maintenue sur environ 200 pages (et une période de 4 ans). Les défaillances du commentaire, enfin, qui, loin de tout dire, affichent un caractère volontairement déceptif[3], constituent elles aussi comme un signe d'adieu, motivant ainsi la transition de l'écriture verbale à d'autres formes d'inscription. Le souci quasi pédagogique des illustrations dans la pièce pour les Poirier se mue ainsi en un signe clausulaire. Les *Dépôts de savoir & de technique* faits, le temps semble être venu, affirme Denis Roche, de passer à autre chose.

Dans *Fragments de déserts et de culture* le rôle des illustrations semble beaucoup plus envahissant que chez Denis Roche. Leur statut, toutefois, paraît plus modeste et davantage illustratif que vraiment textuel. Que toutes les images

---

(3) «Pas la peine de commenter les autres numéros si vous n'avez pas compris. D'ailleurs, j'arrête, je ne vous dois rien. Ni à vous, ni à la vérité, ni à la littérature. «Et je vous la dirai!» Tu parles!» (o.c., p. 231).

soient en plus porteuses d'une légende typographiquement indépendante, creuse encore l'écart entre les deux matières, écrite et iconographique, de l'œuvre. Une lecture plus fouillée, cependant, démontre le contraire: l'importance des images est capitale, mais leur intervention se fait toujours au service de l'écriture.

Justifiées comme les lignes qu'elles prolongent, les illustrations placées en bas de la première et de la dernière page de *Fragments de désert et de culture* semblent relever du «remplissage» pur et simple. Elles paraissent avoir été ajoutées pour masquer des blancs jugés inesthétiques. Mais pour quatre raisons au moins, cette interprétation ne peut pas être prise au sérieux. La première renvoie à la présence d'une autre illustration, au verso du début, qui occupe à elle seule une feuille et dont l'utilité ne peut pas être de boucher les espaces non couverts par l'imprimé. La seconde est liée au fait qu'aller jusqu'en bas de la feuille n'est pas, si l'on tient compte de la saturation visuelle du modèle rochien, une opération insignifiante. La troisième tient aux points d'insertion, qui sont des lieux stratégiques en directe correspondance. La quatrième, enfin, concerne l'observation que les dimensions de ces contrepoints visuels, alléguées pour conclure à la fonction de remplissage, ne sont pas sans relation avec la grandeur des pavés imprimés. L'on constate en effet, à superposer les blocs respectifs, que la photographie n° 1 est identique, quant à sa taille, au rectangle imprimé de la page ultime. Il en résulte que, *sans illustrations*, l'œuvre écrite aurait rempli exactement trois pages et que le besoin de remplir quoi que ce soit est un effet de lecture créé par la disposition actuelle des lignes et des photographies. Ce leurre dissipé, et admis le principe que la venue des images sert non pas à voiler des zones excédentaires, mais au contraire à augmenter les divisions internes du texte, il devient loisible de s'interroger sur leurs véritables répercussions.

Ici on peut, très grossièrement, distinguer deux types d'impacts: les premiers concernent les paramètres matériels des illustrations, comme par exemple leur pourtour; les seconds ont plutôt trait aux sujets représentés.

La première photographie a pour effet immédiat de détacher un ensemble de 20 lignes. Or, les lignes 18-19, ainsi qu'on l'a analysé, se verront surdéterminées après coup, lorsque s'éclairera leur rapport avec les deux dernières lignes de l'œuvre. La segmentation retenue amène alors à soupçonner dans la ligne 20 la *relance* d'une écriture qui *s'achève en creux* aux lignes 18-19. Inversement, comme on en a déjà formulé l'hypothèse, la structuration interne de *Fragments de déserts et de culture* rend acceptable l'idée que la clôture de la ligne 149 n'est pas définitive et que l'œuvre a plus d'une chance d'être poursuivie au-delà de son terme littéral.

S'agissant d'autre part du contenu de ces images, une commune valeur emblématique peut difficilement leur être niée, quand bien même leur objet n'est pas unique. L'interprétation métaphorique est ici d'autant plus inévitable que les liens avec le sujet à illustrer, le désert, s'avèrent des plus minces. Dans l'observatoire montré par l'image n° 1 on reconnaît aisément, tant l'anthropomorphisme de la figure est immédiat, une transposition schématique du lecteur, la coupole allongée représentant sa tête et les deux fentes, ses yeux. Installée au seuil de l'œuvre, «regardant» vers la droite, cet austère observatoire est un signe plausible de la vigilance réclamée au scrutateur de ces pages.

La photographie aérienne qui constitue l'illustration n° 2[4] exhibe un contraste très fort entre la vacuité de l'image et

(4) On peut regretter que l'habitude typographique de placer les illustrations de préférence en fausse page, ait brisé la symétrie des lieux d'insertion décrite plus haut. La répartition des illustrations sur les pages 115, 117 et 119 eût été plus logique.

l'hypertrophie des marques qui la couvrent et l'entourent: on voit «du désert», c'est-à-dire rien, ou rien d'autre, sur fond vide, qu'inscriptions, marques, repères et légendes cartographiques. Le poids relatif de l'écriture devient plus net encore si l'on tient compte du décadrage dont cette illustration se trouve l'objet: c'est dans la seule illustration qui échappe au carcan de la justification de l'imprimé que l'image devient en quelque sorte *invisible*. D'une parfaite vraisemblance, cette illustration permet d'accéder, grâce à l'ambivalence de son code, à un niveau métaphorique où le rapport entre désert lu et désert vu se transforme en le reflet du lien entre l'œuvre et ses illustrations. Il se confirme ainsi que le rôle des images est subalterne, leur tâche étant de rendre l'écrit plus lecturable. Dans la mesure où le rapprochement de l'image et de l'écrit dévoile aussi les virtualités iconiques de ce dernier, la secondarité des illustrations se révèle pourtant bien relative: si elles s'effacent au profit de l'écriture, c'est pour mieux mettre au jour la dimension visible des signes verbaux.

La troisième illustration, enfin, troque le désert contre le monde de l'art. La photo de la «Grande grille noire» de Peter Klasen redit ainsi le bien-fondé de l'interprétation emblématique des illustrations. Son rapport avec l'image précédente est à cet égard très significatif. La boîte de Klasen, avec son entrecroisement de barres blanches sur fond noir, apparaît comme le négatif (ou le positif) de la blancheur désertique que divisaient régulèrement le système de repères. Certains jugeront la métaphore ici un peu fruste: la grille de Klasen fait certes voir dans *Fragments de déserts et de culture* un réseau à lire dans tous les sens, mais que vaut vraiment, au-delà de son excessive généralité, une telle remarque? L'objection serait recevable, si elle ne passait outre à la forme rectangulaire de la boîte de Klasen. Cette particularité — car c'en est une — rappelle une dernière fois, à un endroit judicieusement choisi, l'étonnement qu'engendrent les cent quarante-*neuf* lignes du texte de Perec, dont le nombre paraît inachevé en face de la régularité de la figure de Klasen. Sans cesser de parler de l'œuvre en général, la photo de la «Grande grille noire» en exhibe un paramètre on ne peut plus précis.

Faucheux versus Dado

Peu connue du grand public, l'œuvre en collaboration de Georges Perec a été très mal servie par les rééditions qui en ont été faites et qui sacrifient généralement la partie visuelle des livres. Or, comme le souligne justement Mireille Ribière, «il est passablement ironique que la seule réédition amplement illustrée, et en couleur, soit précisément celle qui ne résulte pas d'une véritable collaboration avec un autre artiste, à savoir *Alphabets*»[5]. Sur la genèse de ce livre, Perec lui-même s'est expliqué en détail:

> L'éditeur voulait (...) une gravure ou des dessins et le peintre qui a été choisi est Dado, un peintre yougoslave qui vit en France et Dado était très impressionné par le livre, par le texte, mais surtout par l'aspect typographique, surtout par la mise en page du texte et il a fait des dessins sur le manuscrit (...) qui ont été incorporés (...) à l'édition. (...) Ce travail n'est pas un travail de collaboration, c'est-à-dire qu'il n'y a pas eu de ma part une réflexion sur le travail de Dado et Dado m'a dit un jour, c'était très curieux, qu'il n'avait pas lu les poèmes qu'il devait illustrer.[6]

Il serait prématuré, toutefois, de conclure de cette collaboration ratée qu'*Alphabets* constitue un livre-objet dénué

[5] «En parallèle: rencontre» (art. cité).

[6] *Art et poésie: le livre illustré*, table ronde organisée par l'*Associazione culturale italo-francese* de Bologne, le 28 novembre 1981, à laquelle participaient, entre autres, Paolo Boni, Georges Perec et Cuchi White.

d'intérêt. Il manifeste en effet que la rencontre des écrivains et des plasticiens ne peut vraiment se faire sans l'entremise des typographes.

Scindé en vers libres et rectangles de onze lettres sur onze, le texte de Perec incorpore une série d'images et se prête en couverture à de nouvelles variations typographiques. Ces deux ajouts, beaucoup, apparemment, les séparent: leur place dans le volume (les illustrations de Dado se mêlent aux poèmes de Perec, l'intervention de Faucheux n'excède pas la couverture du livre), leur quantité (la prestation de Faucheux est unique, Dado fournit 36 dessins, dont plus d'un en quadrichromie), leur lien surtout à l'ambivalence constitutive de l'œuvre (le misérabilisme appuyé de Dado interprète l'univers des «traductions en prose», la maquette de Faucheux privilégie, carrément si l'on peut dire, le rôle de la contrainte grammaticale). Or, non seulement les analogons iconiques et typographiques obtempèrent à des lois antagonistes, mais leur opposition se trouve inscrite dans la couverture de Faucheux.

Au lieu d'aborder les procédures de Faucheux comme une simple reprise de l'œuvre de Perec, il s'agit en effet d'y voir le résultat d'une *lecture qui s'écrit* et dont le rapport avec les deux autres lectures présentes, la traduction en vers libres et sa paraphrase illustrée, ne peut pas se réfugier en quelque fade et bienveillante neutralité. La maquette fomente ici une guerre des lectures. Son objectif est, entre autres, de contrer les effets antitextuels de l'imaginaire de Dado. Les dessins, en effet, injectent dans l'œuvre une thématique de l'angoisse existentielle et du corps meurtri, supplicié, qui risque fort, par la transparence de ses effets, d'accélérer et partant d'anéantir le parcours des jeux formels du texte perecquien.

La première de couverture d'*Alphabets* (voir ill.) révèle d'emblée un certain nombre d'oppositions typographiques,

rattachées qui à la forme des lettres, qui à leur emplacement sur le support. Mobilisant par exemple la couleur et l'alternance des caractères, majuscules ou minuscules, ces antithèses se conforment au principe de l'expressivisme qui règne sur la périphérie des volumes. Récusant toute présentation uniforme, la couverture accentue par le biais de la typographie l'assignation de ses unités prédéfinies (comme par exemple le titre ou le nom de la maison d'édition) à des lieux strictement cloisonnés. Elle souligne par là les hiérarchies à l'œuvre en marge du texte.

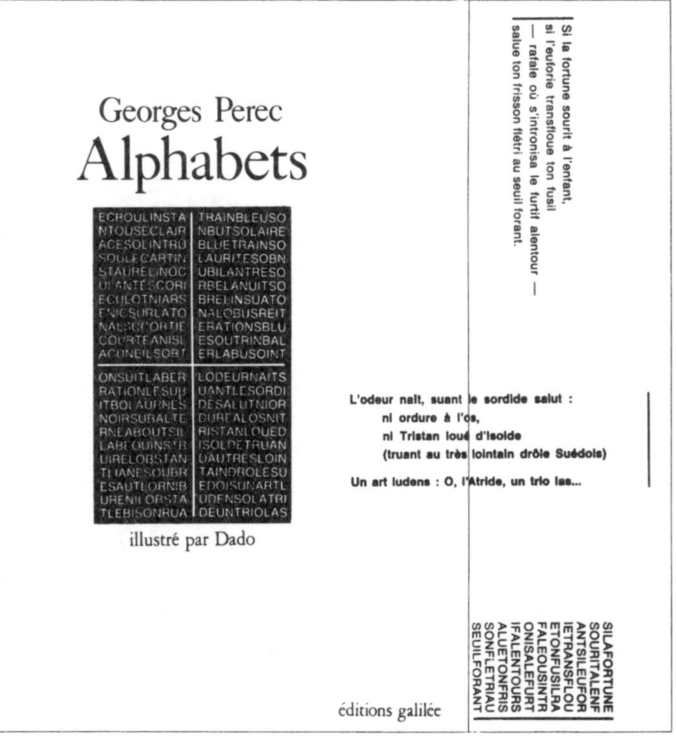

Sans jamais rompre avec cet empire expressiviste, le travail de Faucheux y inscrit également des articulations toutes diverses, capables, elles, d'illuminer l'entreprise de Perec. Plus cependant que par les écarts très remarquables, dont la coupure au milieu, à droite de la couverture, d'une composition aux dehors poétiques, il paraît opportun de commencer l'analyse par la distinction la plus globale qui soit, pour descendre ensuite aux capillaires d'un système qui avère sa cohésion à mesure qu'il se remplit.

Deux familles de caractères, les plus simples à discriminer dans un domaine où bien des tensions tendent vite à l'évanescence, se partagent l'espace typographique de la couverture. La première, celle des lettres à empattement, est attribuée aux indications périphériques traditionnelles: auteur, titre, illustrateur, maison d'édition. La deuxième, par contre, celle des lettres sans empattement, reste l'apanage des extraits de l'œuvre que les usages actuels confinent à la quatrième de couverture. Projetées ainsi sur le devant de la couverture, les citations du texte apparaissent comme un succédané de l'illustration habituelle, qui se trouve ainsi *chassée* d'un lieu où, d'ordinaire, elle s'exhibe.

Dans cette condamnation souterraine de Dado, l'emploi de la couleur joue un rôle plus clair encore: le rouge aligne le nom du dessinateur sur celui de l'éditeur, une des données, souvent, les plus aléatoires du pourtour textuel.

La relation avec Dado peut informer aussi, dans les extraits de l'œuvre cités en première de couverture, l'inégalité numérique des rectangles et de leur «traduction en prose», laquelle fait défaut dans les trois premiers cas. Que seul le quatrième onzain déplie son complément, renvoie sans doute aux intermittences et à la distribution fort chaotique des dessins. Ceux-ci interrompent les séquences avec une désinvolture peu susceptible de pousser le lecteur à se mettre à la recherche des règles précises, mais masquées, dont dépend la structuration des séries internes du livre. De plus, le nombre des illustrations semble lui aussi plutôt aléatoire. Par rapport à ce peu de contraintes, les données numériques de la couverture affichent visiblement leur soumission à la loi du carré: la disproportion quantative des rectangles et des vers libres, de 1 à 4, n'est pas arbitraire, tout comme n'est point illogique le rattachement de la transposition en prose à la quatrième des variantes grammaticales.

De prime abord, la couleur rouge de la croix séparant les quatre onzains resserre les liens entre les deux zones de la couverture. La démarcation signalée plus haut rencontrerait-elle déjà ses limites? Une lecture différente, inverse même, n'est pas impossible. A mieux s'interroger sur le statut de ces lignes perpendiculaires, leur fonction décorative ne manque pas d'éclater au grand jour: afin d'être séparés les uns des autres, les rectangles n'ont nul besoin de voir souligné l'interstice qui les disjoint. Dans une telle perspective, le choix du rouge, qui répète structuralement une forme déjà superfétatoire, ne peut alors que discréditer davantage cette autre rubrique: «illustré par Dado».

L'impression des onzains en blanc sur fond noir rehausse visuellement le rectangle défini par la contrainte. Or, le cadre ainsi obtenu ne coïncide pas tout à fait avec la surface circonscrite par les blocs grammatiques. Plutôt a-t-on affaire à un emboîtement de cadres, virtuels ou actualisés. Est-elle banale, cette inscription de l'écart entre telle portion du support et le pavé des caractères? Force est de constater que la tension entre espaces et formats dissemblables fournit une des clés principales de la couverture dans son ensemble. D'un côté, en effet, il a l'air trop large, ce recto de couverture qui fait subir à la plupart de ses éléments un voyant décalage vers la gauche. De l'autre, il est aussi trop étroit, vu que le poème en vers libres qui commence à droite, est obligé de s'interrompre au beau milieu de ses lignes. L'ouverture du volume, puis le dépliage du rabat, redonnent aux indications périphériques l'équilibre un instant suspendu.

L'intégration du rabat à la page 1 de couverture a de nouveau l'apparence d'une parfaite banalité. Il suffit toutefois d'un brin d'attention pour se rendre compte à quel point cette conversion d'un verso en un recto renouvelle l'entière lecture des aspects déjà examinés. Mettre l'accent sur l'action du plieur, c'est aussi déplacer le regard du feuillet au livre, c'est-à-dire à l'empilement de cahiers, pliés, puis rattachés à la couverture et, enfin, rognés. En ce qu'ils ne sont pas sans analogie avec les lignes de repère du massicotage, les traits rouges bordant trois faces du rabat sont peut-être un moyen de rendre visible une coupure aujourd'hui mécanisée. Réminiscence oblique d'un aspect de la genèse de l'objet-livre, les lignes rouges du rabat encouragent aussi à découvrir dans la croix exhibée un peu inutilement, croyait-on, au centre du pavé noir, un précis écho des marques qui servent au pliage des cahiers. Pareille suggestion, qu'étaye fortement l'inversion du noir et du blanc caractéristique des clichés d'imprimerie, serait toutefois gratuite si elle ne permettait d'accéder à une approche nouvelle du texte de Perec.

Cette avancée, ici, est incontestable. A plier le carré en suivant les lignes de la croix, le haut et le bas comme la gauche et la droite s'inversent, de façon à libérer des parcours de lecture inédits, notamment palindromiques, voilés par la transposition des onzains en dessins et en vers libres. Ecrivant sa lecture, Faucheux démontre avoir compris cette loi fondamentale de l'univers perecquien: l'omniprésence d'«un double axe symétrique de lecture: droite/gauche// gauche/droite, qui (…) correspond en effet respectivement à l'orientation sur la page de la langue hébraïque (qui s'écrit et se lit de droite à gauche) et à celle de la langue française (qui s'écrit et se lit de gauche à droite), c'est-à-dire les deux langues qui marquent, d'une manière indélébile, l'histoire du jeune Georges Perec (...)»[7].

Y a-t-il, à hauteur de la couverture prise dans sa totalité, des indices supplémentaires en faveur de cette abolition du

---

[7] Bernard Magné, «La textualisation du biographique dans *W ou le souvenir d'enfance* de Georges Perec», in *Autobiographie et biographie, colloque de Heidelberg* (textes réunis et présentés par Mireille Calle-Gruber et Arnold Rothe), Paris, Nizet, 1989, p. 167.

linéaire? Il semble qu'il en est au moins trois, stratégiquement répartis entre les divers secteurs investis.

En première de couverture, le poème tronqué se trouve l'objet d'un judicieux retranchement, apte à faire ressortir un parfait chiasme, qui unit le début et la fin de la composition. La suite inaugurale «L'o» se voit réfléchie par la chaîne «O,l», qui occupe la position finale du dernier vers. L'échange est d'autant moins arbitraire qu'il n'engage pas moins de trois paramètres: l'ordre des unités (les lettres «o» et «l» s'inversent), le type des caractères (la minuscule devient majuscule et vice versa), le rapport topologique de la ponctuation et du support (en haut du poème surgit un signe — l'apostrophe — qui se met au-dessus de la ligne d'écriture; en bas, l'unité retenue — une virgule — plonge en-dessous d'elle). Dans une certaine mesure, le sémantisme du texte vient d'ailleurs corroborer cette antithèse, puisque c'est le sommet du poème qui hérite du registre dysphorique (la sueur), tandis que sa base glorifie l'«art ludens». Le jeu des diagonales ainsi créé fait émerger peu à peu, jusqu'à en imposer la puissance, l'emblème de l'art combinatoire de Georges Perec: le X. La pliure même, qui engendre ces relations voilées par la totalité du poème, est du reste marquée comme telle par le détachement, au bout de la ligne 2, du mot «os».

Pour lire convenablement le rabat, il est indispensable, suivant un mécanisme qui n'a, sans doute, plus rien de surprenant, de donner au livre un quart de tour. Cette transformation est confortée par le croisement implicite des côtés gauche et droite de la page. En effet, à la différence du système observé dans la première de couverture, le onzain ne précède plus, à suivre le sens traditionnel de la lecture, sa traduction en vers libres: il la suit, et le fait même à très bonne distance.

La quatrième de couverture, enfin[8], est l'occasion de vérifier que les libertés de Faucheux prolongent en fait, pour les rendre plus *lecturables*, la règle fondamentale de l'œuvre de Perec. D'attribution incertaine — car s'il est inclus dans la présentation de l'auteur, on peut très bien y voir, le changement de couleur aidant, un ajout du maquettiste —, le onzain reproduit selon trois modalités typographiques distinctes (voir ill.), met en exergue l'inspiration du X décelée et traduite par les minuties de Faucheux. Outre que la mention des dessins est évacuée, non d'ailleurs sans un brin de perfidie, au bénéfice d'une nouvelle variante typographique, l'exhaussement d'une structure «en escalier», révèle l'activité de relations tributaires de la diagonale. Et que l'enfilade des L doive bel et bien se lire dans les deux sens est garanti par la reprise de LANGESOURIT, qui se déchiffre conventionnellement de gauche à droite, puis de haut en bas, comme par l'effet visuel de l'ensemble, qui figure clairement une flèche pointée en sens inverse.

Aux antipodes de l'excroissance esthétisante, le travail du typographe accomplit ainsi, plus qu'il ne la préfigure, cette participation active qui est demandée aux récrivains d'*Alphabets*.

---

(8) Pour des raisons que l'on peut présumer éditoriales, le rabat de la quatrième de couverture ne participe pas au schéma inventé par Faucheux. Il n'en sera donc pas tenu compte.

UNE TRANSCRIPTION DE MALLARMÉ:
«LES «BLANCS» EN EFFET»

La citation comme lecture écrite

A travers certaines œuvres de Georges Perec, on a commencé à cerner le problème du support textuel et de ses implications sur la position de l'auteur qui se pluralise dans le volume. *«Les «blancs» en effet»*, une suite discontinue de variations typographiques sur une célèbre préface de Stéphane Mallarmé recueillies dans *Zigzag* de Jean-Claude Lebensztejn[1], feront mieux comprendre là relation entre position d'auteur et travail sur le support. En filigrane de cette discussion, l'on repérera aussi la problématique fondamentale de la citation.

La littérature contemporaine fait de la citation un emploi pour le moins paradoxal. D'un côté, le recours massif à ce procédé, ou plutôt à certains de ses types, participe d'une stratégie globale de mise en question de l'instance auctoriale. Convoquer la parole de l'autre, le faire de sorte que parole citée et parole citante s'embrouillent, est une façon de saper une position de maîtrise, celle de l'auteur dont la voix se trouve minée, hantée, déchirée par toutes sortes de voix qu'elle n'arrive plus à tenir à distance. En ce sens, la littérature moderne serait celle qui empêche de répondre à la question: *qui parle?*[2] De l'autre, pourtant, la

---

[1] Paris, Flammarion, 1981. *«Les «blancs» en effet»* sont cités en annexe à ce chapitre.

[2] Pour une bonne illustration de cette thèse, voir Roland Barthes, *S/Z*, Paris, Seuil, 1970.

citation n'exclut en rien la quête d'un style original. Tout se passe en effet comme si les particularités d'une manière de citer permettaient à l'auteur de marquer son œuvre d'un signe personnel, capable de faire reconnaître une «griffe» en l'absence de toute attribution directe. Chaque écrivain s'approprie «son» type de citation: le cut-up, par exemple, c'est «du» Burroughs; le découpage de lignes, «du» Roche, et la transformation de cette recette, «du» Perec.

»*Les «blancs» en effet»*, comme les offre à la lecture *Zigzag*, après diverses publications anonymes dans plusieurs revues, illustrent bien les deux techniques de citation les plus fréquemment utilisées dans la subversion énonciative si typique de la modernité[3]. Ces compositions se révèlent d'abord, jusqu'à un certain degré, des *implicitations*[4], c'est-à-dire des citations non déclarées, dont l'impact troublant est indéniable. Selon un mécanisme mis au clair par Jean Ricardou[5], tout implicite est contagieux: le repérage d'une seule des implicitations suffit à jeter le soupçon sur l'origine des phrases alentour; virtuellement, chacun des énoncés de l'œuvre devient à son tour une citation cachée (à cet égard, il n'est pas inutile de souligner les guillemets qui ouvrent et ferment *Zigzag*). En second lieu, il s'agit aussi, dans une certaine mesure, de citations *infidèles*, c'est-à-dire de citations subissant des métamorphoses très profondes.

Or, tout en relevant de la citation fausse et non explicite, les fragments reproduits par Jean-Claude Lebensztejn déplacent radicalement les enjeux du problème. Pour peu que l'on examine de plus près les deux procédures en question,

---

(3) L'on s'appuie ici sur la séquence VI du livre cité d'Antoine Compagnon, *La seconde main.*

(4) Ce concept a été théorisé par Bernard Magné, voir «Quelques problèmes de l'énonciation en régime fictionnel», in *Perecollages*, o.c.

(5) Voir son article «L'être lettré», in *Chronique des écrits en cours* n° 2, 1981, p. 8-15.

l'on s'aperçoit que leurs effets premiers — la déstabilisation de la frontière entre deux œuvres, c'est-à-dire entre *deux auteurs* — sont annulés, alors que leur traitement particulier assure l'avènement d'un état tout différent — le brouillage, finalement, de l'*auteur* et du *lecteur*.

L'implicitation, d'abord, ne fonctionne guère selon les pentes habituelles. Non seulement les lignes mallarméennes — un court extrait de la *Préface* au *Coup de dés* — sont trop connues par trop de lecteurs pour constituer un matériau bien profitable, mais surtout le dévoilement du jeu implicitationnel ne tarde pas à être donné: le volume «avoue», a posteriori, le statut cité de «*Les «blancs» en effet*». Ce qu'affiche une telle manœuvre, c'est le déplacement de la question auctoriale. L'essentiel, désormais, n'est plus de savoir *qui* signe *quoi*, mais en revanche *comment* cela se fait, de quelle manière on passe d'une version à l'autre du même texte. Au lieu d'axer l'attention sur des problèmes d'*attribution*, *Zigzag* promeut la question du *lecturable*.

L'analyse de la seconde technique considérée renforce encore ce point de vue. Exceptionnellement, l'infidélité se limite à la seule *forme* du morceau prélevé. Respectueux de la lettre et de l'esprit du *Coup de dés*, Lebensztejn ne touche pas au contenu cité, mais rehausse spectaculairement un paramètre dont les mutations, graves ou légères, restent en principe inaperçues: la typographie[6]. A l'instar de n'importe quelle autre citation, «*Les «blancs» en effet*» changent les caractères et la mise en page de l'original, mais leur intervention sur les phrases de Mallarmé est si voyante qu'elle montre du doigt ce qui d'ordinaire reste ignoré. Plus, elle désigne que des opérations multiples et complexes peuvent avoir lieu sans que l'auteur fasse autre chose

---

[6] Pour quelques détails, voir Jan Baetens, «Le transcripturaire», in *Poétique* n° 73, 1988, p. 51-70.

qu'écrire sa lecture. En produisant «*Les «blancs» en effet*», Jean-Claude Lebensztejn démontre que la lecture est parfaitement à même de mettre en place un véritable processus d'écriture et que loin d'être à la merci de son inspiration, le lecteur s'avère en mesure d'écrire. Ainsi, la citation cesse d'être au cœur d'une problématique de la propriété textuelle pour investir le domaine de l'articulation de la lecture et de l'écriture.

Sous le livre, le tapuscrit

La dactylographie de «*Les «blancs» en effet*» dispose un double problème: celui, interne, du sens et des connotations du tapuscrit; celui, externe, de sa résistance au régime typographique dominant du livre, qui transpose en caractères d'imprimerie le travail remis par l'écrivain[7].

Que signifie, pour commencer, ce refus du *bon usage* en matière d'édition? Pour l'apprécier à sa juste valeur, il convient de l'opposer aussi bien aux types courants de la citation — qui neutralisent les différences formelles entre énoncé cité et énoncé citant — qu'à la pratique moins répandue de la citation fac-similé, qui étend le *ne varietur* jusqu'à l'apparence physique de l'écrit. Contrairement à cette dernière, les variations de Lebensztejn interviennent explicitement dans la forme de l'œuvre reproduite. Ce faisant, elles s'en prennent de toute évidence à l'idéologie sous-jacente de l'édition fac-similé: la croyance fétichiste en l'inaliénable authenticité du document original. En même temps, Lebensztejn exhibe aussi ce que l'édition fac-similé est obligée de refouler, à savoir que toute œuvre n'est jamais que l'état d'une construction qui ne commence ni ne finit et que toute répétition est différence.

---

(7) La micro-édition, qui a révolutionné ce domaine, n'existait pas encore au moment de l'élaboration de *Zigzag*.

S'agissant en deuxième lieu de la «signification» interne de la dactylographie, il importe de scruter un pluriel de lignes de partage.

Opter pour le tapuscrit introduit dans l'œuvre un problème juridique. Le premier maillon de *«Les «blancs» en effet»* se dispose en face d'un extrait de la formule de copyright bien connue: «Cette représentation ou reproduction, par quelque procédé que ce soit, constituerait donc une contrefaçon sanctionnée par les articles 425 et suivants du Code pénal.» L'inclusion dans l'œuvre d'un élément périgraphique typique faisant défaut à son lieu spécifique (en marge du volume ne se trouve aucune formule de copyright) est certes une nouvelle mise en scène de l'homologie déjà observée du dehors et du dedans du volume. La loi, on le sait, autorise seulement les «copies ou reproductions strictement réservées à l'usage privé du copiste et non destinées à une utilisation collective». Dans une telle optique, le tapuscrit pourrait fonctionner comme indice du caractère privé, unique, individuel du fragment cité. Mais du moment que cette copie à usage interne se voit reproduite et multipliée par voie de livre, la marque typographique de la copie personnelle devient un signe éminemment faux, qui voit sa valeur non publique niée par le mode même de sa reproduction. C'est là que le tapuscrit acquiert toute son importance: le paradoxe fomenté par Lebensztejn montre à merveille que par rapport au manuscrit, l'écriture-machine est déjà un «privé déprivatisé»[8]. Il suggère en même temps que la manipulation citationnelle pousse l'écriture vers des pratiques ambivalentes.

En ce qu'elle rejette, par l'«enlaidissement» relatif qu'on lui impute (l'écriture-machine est associée à l'édition

---

(8) Alain-Marie Bassy, «Machines à écrire: machines à séduire ou machines à détruire?», in *Écritures II* (éd. Anne-Marie Christin), Paris, Le Sycomore, 1985, p. 367-379.

pauvre, caractéristique de certains genres décriés, elle évoque le roman-photo et le samizdat), la dactylographie a aussi pour avantage d'établir une distance à l'égard de Mallarmé, le prestige de l'œuvre citée étant un obstacle connu aux tentatives de récriture.

De prime abord, le choc entre le lustre culturel des lignes citées et les connotations avilissantes de son mode de production paraît tendre à un but analogue: la critique, sacrilège plus qu'un peu, de la signature de l'auteur. Mais il existe peut-être une interprétation plus satisfaisante, et qui éviterait au commentaire de s'enliser dans les seuls aspects négatifs du tapuscrit. A se rendre attentif aux termes de la citation de Mallarmé, où l'on peut lire: «Les «blancs», en effet (...) frappent d'abord (...).», l'on doit établir une correspondance entre le thème de la phrase et sa forme: c'est *à la frappe* que se présentent les blancs qui frappent. Façonnée par calembour interposé, se mettant en abyme dans sa forme dactylographiée, la citation de Mallarmé dévoile dans *Zigzag* certaines des virtualités cachées de la *Préface* au *Coup de dés*.

Du livre au Livre

Que les unités de «*Les «blancs» en effet*» soient disséminées sur l'ensemble du volume, n'est pas dû à quelque caprice. Placée sous l'égide, redoutable en somme, d'une phrase de Stéphane Mallarmé citée en quatrième de couverture: «le livre étant toujours quelque chose du passé», l'architecture de *Zigzag* rompt aussi bien avec le caractère monolithique du livre conventionnel qu'avec la forme éclatée du livre à fragments, envers complice, faute de consistance interne, du modèle (mal) récusé[9]. S'il conteste le volume unitaire, incompatible avec le travail du texte,

---

(9) Pascal Quignard, *D'une gêne technique à l'égard du fragment*, Montpellier, Fata Morgana, 1986.

Jean-Claude Lebensztejn s'efforce aussi de tisser des rapports supplémentaires capables d'introduire une organisation plus complexe donnant droit de cité à la coupure, à l'absence, à la faille, à l'inachevé.

Le dépliement du volume, ouvert aux phases antérieures de sa fabrication comme à l'écriture de son lecteur, n'est pas le seul moyen d'aboutir à un objet nouveau. C'est par une manière de paradoxe que *Zigzag* réussit à souder l'interruption et la continuité. Recueil d'études hétérogènes quant à leur ton, à la date et au lieu de leur première publication, à leur sujet, à leur signataire même, *Zigzag* accentue encore ce refus de l'uniforme par l'insertion, elle aussi brisée, d'une série de fragments censés servir de liant: les six lettres du titre, reprises séparément à des endroits différents du livre et reproduites chacune à un endroit différent de la page, de manière à mimer, par leur graduel décalage vers la droite, l'avancée de l'écriture; des variations typographiques sur Mallarmé; un ensemble bariolé de chapeaux, de commentaires, d'introductions et d'après-dire, chacun de longueur, de forme et de style différents. Si, néanmoins, la dispersion des éléments périgraphiques arrive à resserrer les relations entre les «chapitres» du livre qu'ils fissurent à plus d'un titre, c'est, curieusement, par leur intermittence même. Rassemblant ce que la maquette disjoint — les pages d'une postface, les variantes d'un poème visuel, les caractères d'un intitulé —, la lecture est invitée du même coup, au travers de ce geste d'unification, à dépasser la composition en mosaïque régnant au niveau du volume et à mettre en place des rapports de type translinéaire. Si le tout, ainsi, reste en morceaux, il s'avère également valoir plus que la somme de ses unités.

«Les «blancs» en effet» éclairent à merveille l'ambivalence de ces pièces intermédiaires, interstices et interruptions à la fois. Signes noirs ayant pour thème le blanc de la page,

pages imprimées faisant office de «creux» dans la succession des analyses de *Zigzag*, «*Les «blancs» en effet*» sont le parangon par excellence des structures bicéphales qui font le prix du travail de Jean-Claude Lebensztejn.

Echelonnées dans le volume, mais aisément répertoriables grâce au sommaire, les variations sur Mallarmé forcent à s'interroger sur les règles de leur insertion. L'examen des intervalles dégage rapidement une contrainte assez franche:

page	*écart*
14	(14)
78	64
142	64
208	66
272	64
332	60
394	62
462	68

(puis 16, le volume comptant 478 pages)

Deux nombres émergent — 64 pour les valeurs les plus élevées, 16 pour les valeurs inférieures —, dont le rapport est simple, 64 étant un multiple de 16. Ces chiffres ont-ils un sens? Renvoient-ils — comme cela ne peut surprendre dans un contexte où les problèmes de typographie et de fabrication du livre sont abordés de front et de concert — aux seize feuillets obtenus au terme du pliage des cahiers standard? Sur ce point, il semble bien que *Zigzag* n'autorise le moindre des doutes. Ainsi l'incipit de l'œuvre rappelle d'emblée, par le vide même, sa préoccupation du calibrage: «Ce roman aurait 000 pages». Sa section finale, «Zigzag», un essai «sur» *La crue* de Lucette Finas[10], opère un court-

---

(10) Paris, Gallimard, 1972.

circuit savant entre le tout et la partie en communiquant à l'ensemble du volume la poursuite du mimétisme formel entre sa dernière section et l'objet dont elle parle: alors que «Zigzag» s'appuie, tout en la transformant[11], sur la maquette de Finas, *Zigzag* pousse l'imitation manifestée par l'un de ses fragments jusqu'à totaliser le même nombre de pages que *La crue*: 478. Pour que ce lien soit dûment perceptible, Lebensztejn pagine à dessein les pages finales, libres en principe de tout folio. Cette composition d'ensemble, fondée sur le calcul préalable du nombre de pages, c'est-à-dire de cahiers, *«Les «blancs» en effet»* la rehaussent avec grande perspicacité (en tant que *tapuscrit*, cette partie du livre est évidemment toute désignée pour devenir le support d'une opération située à hauteur de la genèse du volume: la détermination de son épaisseur). Les poèmes sont insérés de manière à détacher soit un cahier (aux extrémités du livre), soit un quatuor de cahiers (ailleurs), le rapport de 1 à 4 étant déterminé sans doute par l'importance de la figure emblématique de *Zigzag*: le carré, union paradoxale — à l'instar des «blancs» — de la figure et de son effacement. Le carré, dans *Zigzag*, est à la fois le motif le plus commenté, notamment dans les études sur Frank Stella ou le thème du cadre. Il est en même temps, et de façon superlative dans *«Les «blancs» en effet»*, le symbole d'une censure: le carré blanc pourrait servir de titre au paradigme des coupures dont le livre est prodigue.

Mais le rattachement des intervalles de *«Les «blancs» en effet»* au paramètre du cahier fait surgir aussi une paire de difficultés.

Les unes tiennent aux irrégularités, elles ne sont point rares, que l'on observe dans le schéma reproduit ci-dessus:

---

(11) Pour certains détails, voir Jan Baetens, «Autres figures du discours», in *Texte* n° 5/6, 1987, p. 225-250.

pour trois occurrences du chiffre 64, il en est quatre où l'unité de référence défaille; aux 16 pages restantes en fin de livre s'opposent les 14 écoulées au début. Lebensztejn aurait-il lu Perec? Le clinamen étendrait-il son régime au-delà des contrées oulipiennes? Sitôt énoncée, l'hypothèse mérite d'être écartée avec grand soin. Plutôt qu'à quelque savoureux dérèglement, l'on a ici affaire à un fonctionnement que Jean Ricardou a baptisé *antinôme*[12], soit toute apparente imperfection dont le but majeur est de pointer l'activité d'une règle jusque-là inaperçue. C'est ainsi par exemple que la curieuse apparition du premier blanc, à la page 14 et non pas, selon une rime qui aurait dû être concédée au système, à la page 16, permet de vérifier une erreur de... *pagination* sans laquelle l'équivalence globale avec l'ouvrage de Lucette Finas se serait trouvée compromise (la première page de *Zigzag* qui porte un folio est en réalité la page 9, et non pas, comme on peut le lire noir sur blanc, la page 7). C'est ainsi encore que l'attentive relecture des variantes du chiffre 64 laisse affleurer la logique de leur enchaînement, le dernier des «blancs» introduisant une différence qui annule les infractions accumulées en amont: le surplus de 2 pages, lors du passage de 142 à 208 est d'abord mal corrigé par le déficit de 4, puis de 2 pages, au moment de la transition de 272 à 332 et de 332 à 394, avant que ne se retrouve, avec le saut de 394 à 462, l'équilibre perturbé. Le bénéfice d'une telle manipulation est de monter en épingle, dans une structure d'abord mise à mal, puis ramenée à la cohérence, l'élément par lequel le scandale arrive. La variation n° 4 se voit ainsi considérablement surdéterminée.

Mise en avant au niveau de la pagination, cette variante l'est encore plus de se trouver enchâssée, le menu déplacement aidant, au milieu d'une sorte de mise en abyme en deux

---

[12] «La couverture découverte», in *Protée*, n° XIV-1/2, 1986, p. 5-33.

pages du livre, où se commentent entre autres «*Les «blancs»
en effet»*. Une double propriété est soulignée: le paramètre
numérique, la série actuelle des huit variantes étant jugée
ouverte; l'aspect *spatial*, les péripéties de la séquence pou-
vant amener les mots à bondir hors de la page:

> Poursuivre en imagination l'expansion des ««blancs» en effet»,
> par une sorte de saute-mouton narcissique ou culbute, chaque
> mot sautant par-dessus lui-même vers le dehors jusqu'à leur
> disparition progressive hors de la feuille; les plus longs dis-
> paraissant plus vite, les plus courts moins vite, mais tous fini-
> raient par disparaître, détruisant le carré pour le reproduire à la
> dernière disparition.[13]

Que les aspects spatial et numérique soient inextrica-
blement liés, devient très clair dès l'ouverture de la série.
Evoquant le «tiers du feuillet», le poème inaugural, par la
place qu'il occupe, tend à diviser la page en neuf rectangles,
selon un schéma qui viendra hanter à plusieurs reprises les
variations ultérieures. La tension entre les neuf cases implicitement sculptées par la maquette et les huit occurrences
de «*Les «blancs» en effet»* trouve un écho fertile dans la
genèse de la série, dont *Zigzag* nous apprend qu'elle s'était
construite sur une absence réitérée:

> (...) «Les «blancs» en effet» ont paru, sans titre et sans nom,
> dans diverses revues et divers états (une variation sautée à
> chaque fois, jamais la même), sans changement, ici, qu'écarte-
> ler le texte déjà espacé de Mallarmé qui en fournit la matière
> et le principe.[14]

Dans un premier temps, l'on pourrait supposer que le
maillon qui manque dans *Zigzag* n'est autre que l'original
de Mallarmé. Cette hypothèse, cependant, outre qu'elle est

---

[13] *Zigzag*, o.c., p. 207-209.
[14] *Zigzag*, o.c., p. 467.

intenable (il n'y a plus lieu, après avoir lu *Zigzag,* d'assigner le texte de Mallarmé à *une édition particulière*), entre en conflit avec la structure interne de la série, façonnée de manière à faire advenir un nombre interminable de variations, donnant ainsi au 8 un quart de tour afin d'y déceler le symbole de l'infini.

En elle-même, la variation n° 4 ne permet guère de comprendre cet envol. Mais pour banales que puissent paraître les caractéristiques de sa forme, la surdétermination de sa place aide à mieux localiser, grâce à la coupure ainsi réalisée, le principe des nouvelles transformations. Il s'avère alors que le jeu du saute-mouton excède les déplacements visibles dans les variations 7 et 8, les seules où il se manifeste immédiatement à l'œil.

Si l'on compare les variantes 1-4 et 5-8, il apparaît que dans la première moitié de «*Les «blancs» en effet*», le fragment cité reste inchangé, du moins quant à son contenu, tandis que les poèmes de la seconde moitié accrochent à cette base des citations supplémentaires. Or, loin de se limiter au seul aspect quantitatif, les modifications intervenues dans les variations 5-8 rejoignent le principe fondamental du saute-mouton, qu'elles réarticulent de fond en comble.

Tel que le présente le commentaire cité, tel encore que le font entr'apercevoir les rotations sur l'axe vertical des variantes 7 et 8, le saute-mouton a une ampleur des plus limitées. Son orientation ne menace pas vraiment le sens habituel de la lecture. Avec les ajouts à la fin, il en va tout autrement: ils obéissent aux signes de l'inversion et de la fusion paradoxale du vide et du plein.

Les compléments défèrent d'abord aux lois de l'inversion. L'ordre dans lequel ils apparaissent dans *Zigzag* renverse celui qui est le leur dans la *Préface* mallarméenne, où l'on trouve le fragment «J'aimerais qu'on ne lût pas cette Note» avant «le tout sans nouveauté qu'un espacement de la lecture», et ce dernier avant «Le papier intervient». Il s'y ajoute que le traitement de ces passages n'est plus identique, mais qu'une distinction devient nette entre positions immobiles (la phrase «le tout sans nouveauté qu'un espacement de la lecture» ne bouge pas) et positions mobiles: apparue en bas à droite de la page (voir variation n° 5), puis en bas à droite du dernier carré (voir variation n° 6), la phrase «le papier intervient» migre vers le centre de la figure (voir variation n° 7). Le saute-mouton devient ici, en ces trois étapes, visible: l'unité arrive à l'extérieur du carré, prend appui sur son bord et se trouve enfin à l'intérieur de la figure. Allant de bas en haut et de droite à gauche, le chemin parcouru est contraire au sens conventionnel de la lecture.

Il y a bien davantage, car les variations ultimes cumulent aussi, selon un mécanisme simple et d'une parfaite efficacité, présence et absence. Après être passée au milieu du carré, la phrase «le papier intervient» s'y engloutit littéralement: dans la variation clausulaire, il n'en reste nulle trace. Toutefois, si «Le papier intervient» s'évanouit, c'est pour laisser place libre à une nouvelle proposition («J'aimerais qu'on ne lût pas cette Note.») qui s'apprête à refaire le chemin de l'énoncé anéanti. Ainsi se crée une manière de noria *sans fin*, car le nombre de phrases susceptibles d'emboîter le pas à celles qui sombrent dans la blancheur du papier n'a pas de limite, mais *active dans un lieu spécifique et maîtrisable*, la page. Il y a donc une opposition nette entre le saute-mouton dont «rêve» *Zigzag* et qui condamne l'écriture à se répéter mécaniquement hors page, et celui qu'il réalise effectivement et qui se souvient heureusement de Mallarmé même: «Ton acte toujours s'applique à du papier; car méditer, sans traces, devient évanescent (...)»[15].

---

[15] «Quant au livre», in *Igitur, Divagations, Un coup de dés*, Paris, Gallimard, coll. Poésie, 1987, p. 254.

La lecture, quant à elle, lorsque l'envie lui prend d'écrire, a tout à y gagner.

Il n'est pas possible de se séparer de «*Les «blancs» en effet*» sans s'interroger sur les relations qu'ils entretiennent avec leur modèle. Ce rapport est d'émulation, mais aussi de critique. D'un côté, Lebensztejn généralise l'effervescence de la mise en page que le *Coup de dés* et sa *Préface* réservaient encore au Poëme. Le coup de génie de «*Les «blancs» en effet*» consiste à faire la démonstration de l'avancée de Mallarmé en l'appliquant à une «simple» prose[16]. De l'autre, «*Les «blancs» en effet*» sont indissociables d'une réflexion sur le livre, où Lebensztejn résout d'une certaine façon un des problèmes sur lesquels avait buté l'esthétique de Mallarmé. Avec le *Coup de dés*, le texte se pense et s'agence en tant que *constellation*[17]. Cette structure, toutefois, se trouve assignée à un espace défini, appelé à prendre le relais de la mesure cassée du Vers: la (double) Page, dont on a pu souligner les répercussions négatives sur l'objet nommé livre. Ainsi que l'écrit Antoine Compagnon, la valorisation de la Page signifie également le rejet du volume[18]. Pour Mallarmé, le livre est défini — et discrédité — par le *pliage*. En effet, si le papier plié engendre un secret (seules quelques pages d'un cahier sont directement visibles), il présente un grave revers (pour lire le reste, il faut une arme: le coupe-papier). Et c'est justement la volonté de faire «cesser (cet) attentat» — comme le note encore Compagnon — qui décide le signataire du *Coup de dés* à prôner, non pas le livre, mais la page-partition. Mis en rapport avec cette

---

(16) Il se distingue ainsi radicalement de la postérité de Mallarmé, que Meschonnic accuse de seulement pasticher les lois mal comprises du *Coup de dés*, cf. *Critique du rythme*, Paris, Verdier, 1982, p. 229-335.

(17) Dans *Zigzag* la place d'honneur accordée à Frank *Stella* trouve là une explication qui dépasse le niveau anecdotique.

(18) *La seconde main*, o.c., p. 390.

exaltation de la page et ce refus du livre, «*Les «blancs» en effet*» délivrent alors leur leçon définitive. Dans *Zigzag*, on l'a vu, le livre est préféré à la page: la typographie de «*Les «blancs» en effet*», pris séparément, est bien moins virtuose que le Poëme mallarméen. La série de Lebensztejn n'a de sens qu'au niveau des liens qui unissent la totalité des variations au volume *qu'elles brisent tout en le structurant*. Les «blancs» ici sont indispensables pour reconstituer l'ensemble éclaté de *Zigzag* qui apparaît comme le tressage réglé de chaînes discontinues, diversement raccordées à la bibliothèque qu'il remodèle et aux productions de ses lecteurs. Plus qu'une arme dressée contre le livre, la coupure en est, très exactement, la *conséquence*.

Les "blancs" en effet
assument l'importance
frappent d'abord
la versification en exigea
comme silence alentour
ordinairement
au point qu'un morceau
lyrique ou de peu de pieds
occupe
au milieu
le tiers environ du feuillet
je ne transgresse cette mesure
seulement la disperse

Les "blancs" en effet

      assument l'importance

frappent d'abord

      la versification en exigea

comme silence alentour

      ordinairement

au point qu'un morceau

      lyrique ou de peu de pieds

occupe

      au milieu

le tiers environ du feuillet

      je ne transgresse cette mesure

seulement la disperse

<pre>
        Les "blancs" en effet   assument l'importance

            frappent d'abord   la versification en exigea

    comme silence alentour   ordinairement

   au point qu'un morceau   lyrique ou de peu de pieds

                  occupe   au milieu

le tiers environ du feuillet   je ne transgresse cette mesure

       seulement la disperse
</pre>

<pre>
        Les "blancs"   en effet
           assument   l'importance
            frappent   d'abord
      la versification   en exigea
        comme silence   alentour
                          ordinairement
            au point   qu'un morceau
             lyrique   ou de peu de pieds
              occupe
                  au   milieu
      le tiers environ   du feuillet
     je ne transgresse   cette mesure
           seulement   la disperse
</pre>

Les "blancs"   en effet
assument   l'importance
frappent   d'abord
la versification   en exigea
comme silence   alentour
                                 ordinairement
au point   qu'un morceau
lyrique   ou de peu de pieds
occupe
au   milieu
le tiers environ   du feuillet
je ne transgresse   cette mesure
seulement   la disperse

Le papier intervient

Les"blancs   abord:lave
"eneffet,a   rsificatio
ssumentl'i   nenexigea,
mportance,   commesilen
frappentd'   cealentour
           ,ordinaire
           ment,aupoi
           ntqu'unmor
           ceau,lyriq
           ueoudepeud
epieds,occ   netransgre
upe,aumili   ssecetteme
eu,letiers   sure,seule
environduf   mentladisp
euillet:je   erse.Lepap

```
Les "blancs" en effet, assument l'importance, frappent
d'                                                abord
;                                                    la
versification                                        en
exigea                                                ,
comme                                           silence
alentour                                              ,
ordinairement                                         ,
au                                                point
qu'                                                  un
morceau                                               ,
lyrique                                              ou
de                      Le                          peu
de                   papier                       pieds
,                  intervient                    occupe
,                                                    au
milieu                                                ,
le                                                tiers
environ                                              du
feuillet                                              :
je                                                   ne
transgresse                                        cette
mesure                                                ,
seulement                                            la
disperse                                              .
)                                                    (
le tout sans nouveauté qu'un espacement de la lecture.
```

```
        Les "blancs" en effet, assument l'importance, frappent
            d'                                            abord
                ;                                         la
versification                                             en
            exigea                                         ,
              comme                                       silence
        alentour                                           ,
ordinairement                                              ,
                au                                        point
                qu'                                       un
            morceau                                        ,
            lyrique                                       ou
                de                                        peu
                de                                        pieds
                  ,                                       occupe
                  ,                                       au
            milieu                                         ,
                le                                        tiers
            environ                                       du
            feuillet                                       :
                je                                        ne
        transgresse                                       cette
            mesure                                         ,
        seulement                                         la
            disperse                                       .
                )                                         (
        le tout sans nouveauté qu'un espacement de la lecture.
```

J'aimerais qu'on ne lût pas cette Note

ENVOI

Au terme de cette pérégrination, il est utile de reposer les questions capitales entre toutes: à quoi bon l'écriture à contrainte? à quoi bon aussi faire l'éloge de ce genre de travail? pourquoi avoir choisi d'analyser ces compositions-là, difficiles autant que, parfois, confidentielles? pourquoi aussi avoir privilégié l'aspect technique de ces lectures?

En fait, tant le sujet que la méthode et le corpus retenus témoignent d'une double critique, dont la nécessité — et l'urgence sans cesse renouvelée — est la pierre angulaire de ce volume.

Qu'on se rappelle le point de départ: le rejet du modèle de l'inspiration, avec son clivage des écrivains à inspiration et des non-écrivains sans inspiration. Dans le sillage du plaidoyer en faveur de la contrainte, dont l'un des premiers effets consiste justement à permettre l'écriture à quiconque en ressent le désir, c'est toute une série d'oppositions, jugées parfois irréductibles, que l'on a vu s'estomper. Ces distinctions peuvent concerner les genres ou les lieux de l'écrit (avec «*Les «blancs» en effet*», par exemple, un fragment de prose est traité en poème et les frontières entre l'œuvre et son cadre, puis entre cet ensemble et la bibliothèque, s'effacent à mesure que la construction des liens textuels gagne en rigueur). Elles peuvent non moins avoir trait aux acteurs mobilisés (tout au long de ce livre, l'on a insisté — tout en signalant les voies concrètes que cet échange peut emprunter — sur l'impératif besoin, pour le lecteur, de mettre la main à la plume, et, pour l'auteur, de constamment se relire). L'effort pour conjuguer ce qui, trop souvent, se pratique et se pense séparément, a doté ces études de leur indispensable fil conducteur.

Avec ces décloisonnements en chaîne, l'on aborde un champ qui n'est plus seulement littéraire, mais social et politique, puisqu'il touche finalement à la coupure de ceux qui écrivent (ou produisent) et de ceux qui ne feraient que lire (ou consommer). Dans cette optique, la sélection des objets analysés peut paraître incongrue, tellement ces quelques textes semblent aux antipodes des préoccupations du grand public. Sans vouloir décortiquer ici les raisons d'un tel jugement — qui reflète plus le conditionnement social de l'acte de lire que les propriétés intrinsèques des structures textuelles —, il va sans dire que cette objection désigne un problème réel dont l'écriture de la critique, sous peine d'inconséquence, se doit de tenir compte. La primauté accordée à la notion de lecturabilité, l'inscription du lecteur dans l'organisation des fragments passés au crible, l'insistance permanente sur les enjeux pratiques et théoriques des analyses, entre autres, témoignent, chacune à sa façon, d'un souci destiné à remédier aux fractures désignées. La volonté expresse d'en rester à l'ici et maintenant d'un texte, la proscription du document introuvable ou d'une fuite éperdue dans la forêt des allusions et associations inévitables, témoignent elles aussi de ce désir d'une lecture partagée, à refaire, à compléter, à transformer par l'arpenteur de ces pages.

L'éthique de la contrainte, l'exergue emprunté à Gustave Flaubert l'avait bien annoncé, ne trouve son sens que dans ce passage.

ÉTUDES CITÉES

BAETENS Jan, «Autres figures du discours», in *Texte*, n° 5/6, 1987, p. 225-250.

—, «Le transcripturaire», in *Poétique*, n° 73, 1988, p. 51-70.

—, «Littérature et engagement», in *Cahiers marxistes*, n° 194, 1994, p. 147-177.

BALIGAND Renée, *Les Poèmes de Raymond Queneau*, Paris, Didier, 1972.

BARTHES Roland, *Le degré zéro de l'écriture*, Paris, Seuil, coll. Points, 1972.

—, *S/Z*, Paris, Seuil, 1970.

BASSY Alain-Marie, «Machines à écrire: machines à séduire ou machines à détruire», in Anne-Marie Christin (éd.), *Ecritures II*, Paris, Le Sycomore, 1985, p. 367-379.

BUTOR Michel, «Propos sur le livre aujourd'hui», in *Répertoire IV*, Paris, Minuit, 1974, p. 431-443.

CALLE GRUBER Mireille, «Orange: mécanique», in *Conséquences*, n° 6, 1985, p. 72-82.

CAMUS Renaud, *Buena Vista Park*, Paris, P.O.L/Hachette, 1980.

COMPAGNON Antoine, *La seconde main*, Paris, Seuil, 1978.

DUBOIS Philippe, *L'acte photographique*, Bruxelles, Labor, 1983 (réédition chez Nathan en 1990).

GENETTE Gérard, *Mimologiques*, Paris, Seuil, 1976.

—, *Seuils*, Paris, Seuil, 1987.

GLEIZE Jean-Marie, *Poésie et figuration*, Paris, Seuil, 1983.

GROUPE MU, *Rhétorique de la poésie*, Bruxelles, Complexe, 1977.

HAMON Philippe, *Introduction à l'analyse du descriptif*, Paris, Hachette, 1981.

LAPACHERIE Jean Gérard, «De la grammatextualité», in *Poétique*, n° 59, 1984, p. 282-294.

LEBENSZTEJN Jean-Claude, *La fourche*, Paris, Gallimard, 1972.

——, *Zigzag*, Paris, Aubier-Flammarion, 1981.

LE LIONNAIS François, «le second manifeste», in *Oulipo, la littérature potentielle*, Paris, Gallimard, coll. Points, 1973, p. 23-27.

LESCURE Jean, «Petite histoire de l'Oulipo», in *Oulipo, la littérature potentielle*, Paris, Gallimard, coll. Idées, 1973, p. 28-40.

MAGNE Bernard, «Métatextuel et antitexte», in *Cahiers de narratologie*, n° 1, s.d., p. 151-159.

—, «La textualisation du biographique dans *W ou le souvenir d'enfance* de Georges Perec», in Mireille Calle Gruber (éd.), *Autobiographie et biographie*, Paris, Nizet, 1989.

—, *Perecollages*, Toulouse, P.U.Toulouse, 1989.

—, «Perécritures», in C. Oriol-Boyer (éd.), *La réécriture*, Grenoble, Ceditel, 1990, p. 67-96.

MESCHONNIC Henri, *Critique du rythme*, Paris, Verdier, 1982.

MŒGLIN-DELCROIX Anne, *Livres d'artistes*, Paris, Herscher/BPI Centre Pompidou, 1985.

PEETERS Benoît, *Les Bijoux ravis*, Bruxelles, Magic Strip, 1983.

PEREC Georges, «Entretien avec Ewa Pawlikowska», in *Littératures*, n° 7, 1983, p. 69-76.

QUENEAU Raymond, *Entretiens avec Georges Charbonnier*, Paris, Gallimard, 1962.

QUIGNARD Pascal, *D'une gêne technique à l'égard des fragments*, Montpellier, Fata Morgana, 1986.

RIBIERE Mireille, «Coup d'L», in *Littératures*, n° 7, 1983, p. 49-60.

—, «*Alphabets*: de l'exhibitionnisme en littérature», in *Cahiers Georges Perec*, n° 1 (colloque de Cerisy), 1985, p. 134-145.

—, «Signé Perec», in Mireille Ribière (éd.), *Parcours Perec*, Lyon, P.U.Lyon, 1990, p. 147-154.

—, «En parallèle: rencontre (*Alphabet pour Stämpfli*)», in *Le Cabinet d'amateur*, n° 1, 1993, p. 77-97.

RICARDOU Jean, «L'être lettré», in *Chronique des écrits en cours*, n° 2, 1981, p. 8-15.

—, *Le théâtre des métamorphoses*, Paris, Seuil, 1982.

—, «La couverture découverte», in *Protée*, n° XIV-1/2, 1986, p. 5-33.

—, «Eléments de textique», publiés dans la revue *Conséquences* du numéro 10 (1987) au numéro 15/16 (1991).

RICHAUDEAU François, *La lisibilité*, Paris, Retz, 1973.

ROUBAUD Jacques, «La mathémathique dans la méthode de Raymond Queneau» et «La quenine», in *Atlas de littérature potentielle*, Paris, Gallimard, coll. Idées, 1981, p. 42-72 et p. 243-245.

—, *La vieillesse d'Alexandre*, Paris, Ramsay, 1988 (1ère édition chez Maspéro en 1975).

ROUSSEL Raymond, *Comment j'ai écrit certains de mes livres*, Paris, Pauvert, 1963 (1ère édition chez Lemerre en 1935).